倾听花开的声音

○

著

——

成雪宇

越是回顾，越是感慨。教育一生，不过就
是一个『爱』字。为了倾听花开的声音，
努力一生而无悔。

济南出版社

图书在版编目（CIP）数据

倾听花开的声音 / 成雪宇著 . -- 济南： 济南出版社，2023.9

ISBN 978-7-5488-5883-6

Ⅰ.①倾… Ⅱ.①成… Ⅲ.①教育工作 Ⅳ.① G4

中国国家版本馆 CIP 数据核字（2023）第 176655 号

倾听花开的声音

QINGTING HUA KAI DE SHENGYIN

成雪宇　著

出 版 人　谢金岭

责任编辑　秦　天　杜昀书

装帧设计　陈致宇

出版发行　济南出版社

地　　址　山东省济南市二环南路 1 号（250002）

总 编 室　0531-86131715

印　　刷　济南新科印务有限公司

版　　次　2024 年 3 月第 1 版

印　　次　2024 年 3 月第 1 次印刷

开　　本　170mm×240mm　16 开

印　　张　14

字　　数　215 千字

书　　号　ISBN 978-7-5488-5883-6

定　　价　68.00 元

如有印装质量问题　请与出版社出版部联系调换

电话：0531-86131736

序

　　受秀珍教授委托，给她的小妹雪宇老师的教育文集《倾听花开的声音》作序。秀珍说，这序本是她许诺给小妹写的，为了避嫌，她就将这任务交给了我："您就真实评价，不需要赞美。"

　　我从事高等教育三十余年，对高等教育教学十分熟悉，也有些研究；虽对义务教育阶段的教育教学了解不够、研究不多，但做知青时有民办教师的工作经历，教过小学的多门课程，而且是复式班模式，因此对基础教育有体验有认知有感情。所以，当看到这本厚厚的文稿时，我忍不住通读了一遍，由此了解了一名基层教育战线上的优秀教师教学生涯中的酸甜苦辣，并为她那种热爱教育的精神所感动。

　　在中学教育阶段，总有教师因孩子的接受能力不够强而苦恼。为此，雪宇老师给出了一个生动形象的解决方法——把面包掰开吃，即通俗化的因材施教，将知识小口小口地"喂"给学生。如今，学生都面临统一的选拔性考试，为了帮助学生通过这个考试，教师需要根据学生的个人情况安排不同的学习进度，让学生以不同的方式到达终点。倘若要求所有学生统一步调，那么只会使得优秀的学生泯然众人，普通的学生气喘吁吁。因材施教、对症下药，教育的难题就会迎刃而解。

　　陶行知先生说过："我以为好的先生不是教书，不是教学生，乃是教学生学。"而这个"教学生学"的过程，在义务教育阶段尤为重要。培养一个孩子的自主学习能力，可以为他今后的学习奠定一个良好的基础。所以，作为教师，不仅要"把面包掰开"，更要让学生学会"自己吃"。雪宇老师采用的"小组合作，换位教学"的方法，可以充分培养学生"自己吃"的能力，也能让每一个孩子的独立性在课堂上得以体现。让每一位学生都成为灿烂的花，这才是教育的真谛。

通读全文，我感触最深的，是雪宇老师对教育的热爱和执着。任何一位老师，都经历过从初登讲台两股战战到面对学生侃侃而谈的过程，其间的岁月带来的不仅是教书能力的提升，更多的是育人阅历的增加。教师作为人类灵魂的工程师，更应该注重对学生性情品格的培养，这就需要教师拿出全部的爱来引导学生积极健康成长。

从雪宇老师的教育日记里，我看到了一位基层教师对于教育的不舍不弃，这份坚守与执着令我动容。她既能备课又能"备学生"，将每一位学生放在心里，遇上这样的老师，是学生时代最大的幸运。在她的眼中，每一个孩子都是一朵盛开的花，她记录着学生们的点点滴滴，看似琐碎的文字，字里行间都是爱。

在这里，我节选几句，与读者共享。"我们应该用一颗爱心、一颗宽容的心，去包容不同性格不同个性的孩子，尽量让我们的教育，做到量体裁衣，公平地对待每一个孩子，用奉献来诠释'教师'二字。""每一个孩子都是独一无二的。作为教师，要有一双慧眼，懂得把每一个孩子的特质转化为一种才华；作为家长，更要学会欣赏我们的孩子，敞开胸怀，用爱去包容自己孩子的特质，为他们开辟一个宽松的空间，让他们能够在他们需要的土壤里健康成长。"

我相信很多基层教师在漫长的教育生涯中，都会摸索出一套属于自己的教学方法，都会有很多教育故事，可大都囿于各种原因无法将其整理成册。能够像雪宇老师这样梳理成册的并不多，由此也可以看出，雪宇老师是一个有心之人，正如她所说的"教育是需要用心来做的"。

雪宇老师的这本书，既有对教学生涯的记录，也有对教育方法的总结，虽然文字还很稚嫩，叙述并不完美，但因为真实，更能触动人心，所以值得一读。

2023 年 8 月 16 日

自序：为了倾听花开的声音

当了三十多年的教师，临近退休时，我想出版一本属于我自己的书。这本书可能没有什么高深的理论，却是我教育生涯的见证。

为了完成这个梦想，这段日子我一直在断断续续地整理自己以前的教育文字，包括一些论文和一些教育故事，有十多万字。在整理的过程中，回顾自己多年的教育历程，提炼自己对于教育的一些感悟。

越是回顾，越是感慨。教育一生，不过就是一个"爱"字，为了倾听花开的声音，努力一生而无悔。

一、做课堂改革的创新者

在三十多年的教育生涯中，我先后任教英语、语文、数学、生物和地理，我可以自豪地说，无论任教哪一门学科，我的教学成绩都是优秀的。

为了让每一个孩子都能在学习的过程中体验到成功的味道，多年来，我一直致力于课堂改革，并在不断的实践中提出了"把面包掰开吃"的教学理论，创建了"小组合作，换位教学"的课堂教学模式。

所谓的"把面包掰开吃"的教学理论，事实上就是为了让每一个孩子在受教育的过程中享受公平待遇，并用因材施教的方式进行小组合作、知识分解，让每一个孩子都能从作业的枷锁中走出来，从成绩的压力中走出来，发挥个性，绽放自我。

三十多年，年年如一日。在我眼中，所有的孩子都是可爱的。"我们应该用一颗爱心，一颗宽容的心，去包容不同性格不同个性的孩子，尽量让我们的教育，做到量体裁衣，公平地对待每一个孩子，用奉献来诠释'教师'二字。"

我的教育日记里，记录了很多很多教育故事。因为教学成绩突出，我先后获得日照市初中地理骨干教师、日照市初中地理学科带头人、岚山区优秀教师等荣誉称号，并当选日照市初中地理学会常任理事。

二、做教育扶贫路上的志愿者

作为学校妇委会主任，自2006年以来，由我发起的募捐就不下十次，募捐的对象有生命垂危的同事，也有突遭天灾人祸的学生。2008年的汶川大地震，2010年的玉树地震、西南干旱，2020年的新冠疫情，我们也都伸出了援助之手。

每一次募捐，我都积极参与，认真筹划，撰写文稿，用一颗爱心去感动别人。

我曾在学校提出"环保助学"公益活动的想法并实施，组织学生收集废纸、捡拾垃圾、捐书籍衣物，培养学生的环保意识，倡导爱心教育。

我曾跟随岚山义工，走访岚山辖区内八个乡镇的贫困儿童；我曾在山东丰华食品有限公司、卧佛寺组织募捐，筹集资金数万元，救助了数十名贫困孩子。

2021年1月29日，我因病住院手术，结果未知。上手术台的前一晚，我在我的微信朋友圈里留下了一篇私密日记："明日手术，愿上天保佑。若平安，余生当继续行善做好人；若有事，未来有几件事需做：①学生XXX的资助之事，既已许诺，尽快帮他申请；②研学课程开发，细化，带动课堂改革。祈祷健康，努力向上！"

出院后，我立即兑现了对学生XXX的承诺，为他募得了资助。

就这样，我尽己所能，默默工作着。我舍不得让我的学生们落下课，更不想让真正贫困的孩子错失接受资助的机会。

十年来，我撰写了数万字的民情日记《丈量的收获》，提出在岚山区设立爱心教育基金的建议，即现在岚山区教育上的"月月捐"，有力推动了岚山区贫困助学事业的开展。我提出了对特困孩子进行负重教育、自强教育与职业教育的建议，希望能通过自己的努力，为这些孩子撑起一片无雨的天空。

这几年，国家扶贫力度越来越大，教育扶贫工作从最初需要自己四处募捐到现在国家统一拨款救助，我已经不再需要跟以前一样为了募捐而四处寻找资金。为了做到不遗漏任何一个该享受资助的孩子，我创新性地提出将教育扶贫工作流程化的建议，让我校教育扶贫工作始终走在全区前列。

三、做实践活动的开拓者

教育需要努力和创新。如何让我们的课堂实效化，让孩子轻松快乐地去学，是作为教师的我们应该思考和努力的。研学便是在此基础上兴起的教育活动，既是迫切需要，也是必然趋势。

2019年，我争取到了参与山东省研学课程资源编写的机会。为了宣传日照，我将日照绿茶的内容纳入省地理研学教材，为家乡的发展做出贡献，让岚山区的研学旅行实践活动走在了全市前列。

我还创新性地提出将乡土研学与课标对接，将劳动实践教育与新农村建设相融合，全面推动乡村建设，受到了区委领导的好评。

唯有努力，才有收获。我成为山东省研学旅行协会理事、全国中小学研学旅行专家库成员；2021年，获岚山区第二届最美科技工作者称号；2022年，我的多岛海研学课程成为日照市优秀校本课程。

2020年到2021年，在学校的支持下，我成功举办了三期研学活动，为学校赢得了山东省"护航计划"项目校的称号。

2021年4月，我的校本课程成功入选教育部中小学综合实践活动课程资源库。

2021年，作为岚山区家风宣传团成员，我全程参与了区妇联组织的"巾帼心向党，奋斗新征程"岚山区巾帼宣讲进乡镇活动。作为年龄最大的宣讲团成员，我以时间为积淀，用事实证明了百年岁月中我们党所取得的辉煌成就，圆满完成了宣讲任务。

一切为了孩子。2020年到2021年，因身体欠佳，我两次住院。为了不耽误工作，我都是选择在寒假和暑假期间住院治疗。

一切皆是为了孩子。回首三十多年教育路，我热爱教育的初心，从未改变！生命不息，奋斗不止。

谨以此书，送给自己，也送给我的孩子们，愿他们灿烂盛开。

2023 年 5 月 22 日

目　录

第二篇 · 做研学实践的开拓者
——行走的课堂

▌第二章▌ 以行走家乡为路径，育家国情怀

第三篇 · 做教育生活的记录者
——雪宇日记

▌第一章▌ 在阅读中求知，在反思中成长

第二章 化认知为实践，步履坚而致远

第三章 在陪伴中收获，我与"花"开的故事

结束语 · 是结束亦是开始

第一篇

做课堂改革的创新者

朴素的课堂

▌第一章
让课堂回归朴素，让学习真正发生

让每一朵花儿都盛开

——析我的"把面包掰开吃"构想

一、引子

我在写这篇文章之前，曾找了至少一百个家长进行调查，包括市直属的各个学校及我所在的学校，从小学一年级到初中三年级各个学段孩子的家长。

家长们的抱怨喋喋不休，大部分都是反映孩子作业太多了，上学太累了，从早晨 6 点开始学习，到晚上 10 点甚至 11 点钟才能休息……作为一名教师和学生家长，我对此深有体会。这让我记起前段时间我曾读过的某学校的一篇报道，报道中说："每日清晨 6：30 过后，教学楼内传出的读书声就已打破了黎明的宁静……教师们面前堆满了小山似的作业，他们的身边围着面批的学生……"

读完这样的文字，我感到无语，为敬业里渗出的酸涩。小山似的作业，多么形象的比喻，难不成这样的教育，就是我们一直以来所推崇的？

我讨厌这种近乎炼狱的教育环境。将所有的孩子放在一个飞速旋转的转盘上，终有一天，他们会崩溃的。我总是固执地认为，我们的孩子是一朵朵娇艳的花，他们色彩绚丽，可是经由这种加班加点的方式来锻造，时间久了，他们终会失去自己独特的色彩。

向教育要质量，没错，但保证质量不应以抹杀学生的个性为代价。近年来，教育部自上而下大力提倡素质教育，但素质教育怎样才能在基层被真正地贯彻下去，一直是一大难题。大多数时候，我们一直都在走着应试的路，因为我们总是怕"素质"的培养，耽误了"应试"的成绩。所以，为了成绩，我们甚至"变本加厉"。

事实上，我一直认为，素质与应试并不是一个对立的概念，真正的素质教育应当能更好地促进教学质量的提高——关键就在于要用"高效"来代替"庸碌"。用"高效"来为每一个孩子节省更多的时间，让他们有更广阔的空间自由发展，让每一朵花儿都盛开。

二、构想中的高效课堂模式

我一直在构想这样一种课堂：课堂上四至六个学生一组，打破原来一个教师一堂课的局面，让多个教师参与到小组中来，起到辅导分化难点的作用，让每一个孩子都置身于教师的关注中。这样因需而教，将课堂分解，可以实现课堂的高效性。

不过，这种构想的实现，需要做足以下文章。

首先，学生的分组是一个关键。小组内成员的组成，必须考虑到多个因素，包括性别比例、性格搭配以及学生的智力情况和文化基础。一般来说，每个小组都要有一至两个带头的孩子，必要的时候，他们能够撑起小组的大梁，然后各个阶段的孩子呈金字塔叠加。这样，在进行辅导的时候，带头的孩子可以帮扶两个孩子，而这两个孩子又可以向下帮扶（如图1），将课堂知识层层分解并向下传递，化繁为简，明了有效。

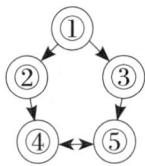

图1

这里需要解释的是，很多时候，因为课堂上教师讲授的知识非常简单，在进行小组协作的时候，带头的那一个孩子是无须加入进来的，这样就为他们争取了自由的时间，让他们去自行学习研究更深入的知识，而教师也从讲课中解放出来，从而可以拿出更多的精力，去关注那些需要帮助的孩子。

不过，上面的这种做法，是要建立在我们熟知每一个孩子的基础之上的。不管我们承认不承认，学生的智力是有差距的。

教育是现实的，即便是圣人，也无法让每一个孩子都成为学习上的佼佼者。作为教师，我们的任务不是将所有的孩子都打造成学习机器，而是让每一个孩子都能发展个性，快乐成长。

这就如人的口有大有小一样，知识就是一个面包，倘若你不能一口吞下，那么就应该学会把面包掰开，一点点地去吃，吃的过程就是你成长的过程。

作为教师，我们一定要有足够的耐心和爱心。要知道，每一个孩子都是与众不同的，尊重他们，让他们有一个健康快乐的心灵，比什么都好。所以，我们在欣赏那些聪明的孩子，充分激发他们创新能力的同时，更多的还是要关注那些接受能力不强的孩子，他们才是我们课堂上的焦点。

在做好学生之间的分组协作后，就要关注教师之间的合作了。一定要真正落实集体备课，因为同一堂课是由多个教师参与的，所以教师之间必须要分工明确，做到利益共享。另外，在这样的课堂上，如果可以辅助使用导学案，效果会更好，因为它不仅可以培养学生的自主学习能力，同时还可以为个别十分优秀的孩子腾出更多时间去提高。

关于备课，我一直不太提倡使用现行的那种固定本本制，那里面的条条框框太多，过于死板，不够灵活。我倡导使用白纸备课的方式，就是教师们可以直接将实用的教案记录在空白的纸上，这样虽不成规矩，但实用有效。

在备课过程中，学案的设计一定要精致，要充分考虑到不同层次孩子的需求，让每一个孩子在做学案的时候都能感受到难度，也能收获快乐。这样精致的备课，需要集体的智慧，所以同一级部最好采用"捆绑"的方式共同备课。在开学之初就将任务分解，每一个单元由一个人来主备、主讲，另外的人来辅助修改，大家共同上课，释疑解惑。

试想一下，一堂课上，在学生自主学习和复习巩固的环节中，如果能保证至少有两位教师参与，那么就相当于将学生分为两半，教师任务也减半，这就有点像上私塾了。让每一个孩子都能在教师的关注下学习，这样的教学效果是可想而知的。

高效的课堂是素质教育实施的根本，向课堂要效率，方能给孩子留出更多的时间去自由发展。真正的素质教育，不是靠题海战术和时间战术来实现的，过度的加班加点，别说孩子受不了，就连我们自己也不能长久承受。既然如此，就让我们多动脑筋，巧干而不盲做，根据学生的能力因材施教，将面包掰成适合不同孩子吃的大小，让每一个孩子都吃饱吃好。

三、理想中的吃面包学习法

有了高效的课堂，再来说说高效的学习吧。

我们经常听到不少家长这样抱怨，说他的孩子足够用功，可成绩就是不见提高，我们给予的答复是：孩子不会学习。

是的，孩子的成绩与智力有关，但也跟会不会学有关。

会学首先要乐学。爱玩是孩子的天性，如果学习不能给孩子带来足够的乐趣，那就很难保证我们的孩子能做到乐学。如果没有了乐学做保障，那么就很难让我们的孩子对学习保持长久的兴趣。始终抱着苦学的姿态，学习效果可想而知。

作为父母，请不要对我们的孩子寄予过高的期望。因为过高的期望很容易诱发孩子的攀比心态，让他们过早地进入一个盲目竞争的氛围里，从而丧失学习和生活的乐趣。如果学习的目的仅仅局限于考试，一旦没有达到期望的分值，我们的孩子就会变得极为沮丧和悲观，从而失去了这个年龄应有的天真烂漫，轻者厌倦学习，重者出现心理障碍。

嫉妒攀比的心理，永远是阻碍学习的最大障碍。所以一定要告诉孩子不要一味地将眼睛盯着别人，更不要总在孩子面前拿别的孩子来对比，要教育孩子学会自己跟自己比，每天一个收获，每天都会快乐。作为家长，要学会感受孩子的点滴进步，陪伴孩子一同成长。

其次，还要巧学。这里我贯彻的依然是"把面包掰开吃"的理念。诸如学习数学，很多时候教师总是布置很多作业让学生不停地做，事实上完全无须这样，未必题做得多能力就能提高，关键在于学会举一反三。要留给孩子足够的时间去反刍，厘清数理概念，打好基础，再去做题。

我一直提倡，有能力的孩子如果有精力可以多看题，甚至有的时候可以对照答案去看，见得多了，自然也就识广了。同时，我还一直建议我的孩子不去做一些没有答案的练习题，因为做了却不能知晓对错，这样根本就没有多大的用处，甚至还可能形成错误的解题思路。所以我认为，只要做，就一定要做得透彻，不说能够达到做一题会三题，至少要做到做一题会一题。

我们有好多教师，因为怕学生抄答案，所以总爱让学生把所用练习题的答案撕下上交，这种做法我一直不赞成。学生抄答案，一定是因为教师在讲题的过程中引导不到位。真正会学的孩子，是不会去抄答案的，而是会通过答案来找寻自己存在的问题。

另外，会学的孩子一定也是会交流的孩子。心态平和，乐于助人，大度而不斤斤计较，都有利于学习。善于给别人讲题的孩子，在讲的过程中，他的收获会更多。

最后再来说说学习时间的分配。会学的孩子一定会自己分配时间，而不是跟在教师后面被动地学。比如，学习理科科目时最好要有完整的时间，而历史、政治、地理、生物等科目可以利用一些零碎的时间学习巩固。要做到一天一个计划，一周一个目标，要学会将所学知识分解，一点点地去攻克，达标的做好记录，没达标的再继续钻研，就像吃面包一样，只要每天都能消化一点，到最后总会吃完。

四、让每一朵花儿盛开

有了高效的课堂、高效的学习方法，看起来，我们的孩子似乎都能成为优秀的学习者。但实际未必如此，总有一部分孩子无法跟上我们的脚步，这很正常，因为学校永远不能成为制造工具的模子。如果让我们本来多姿多彩的孩子，具有各种特质的孩子，最终都成为一个样子，那么这个世界该多么无趣！

每一个孩子都是独一无二的。作为教师，要有一双慧眼，懂得把每一个孩子的特质转化为一种才华；作为家长，更要学会欣赏我们的孩子，敞开胸怀，用爱去包容自己孩子的特质，为他们开辟一个宽松的空间，让他们能够在他们需要的土壤里健康成长。

让每一朵花儿都盛开，让这个世界，多姿多彩。

（本文于 2012 年 2 月发表于《日照教研》）

用步骤分解法复习《地球与地球仪》

人教版初中地理七年级上册第一章《地球和地图》中有关地球及地球仪的相关问题，一直是初中地理课程内容的重点和难点。对于八年级的学生来说，这一章如果复习得透彻到位，无论中考试题怎样变化，学生都能熟练运用本部分的知识。

我经过多年的实践，探索出一套复习该章节的方法——步骤分解法，归纳如下。

从总体上来说，本章节可分为五大考点：一是半球判别，二是经纬度的确定，三是利用经纬网判别方向，四是地球的自转和公转，五是温度带和纬度带的判别。

每一个问题，我们都可以化繁为简，单个分解，分步完成。

一、半球判别

即南北半球和东西半球的判别。

以纬度判别南北半球。我们以赤道（0°纬线）为界划分南北半球，赤道以北为N，以南为S，所以只要是N即为北半球，S即为南半球。

以经度判别东西半球。划分东西半球的经线圈为20°W与160°E组成的经纬圈，表现在数轴上，如下图：

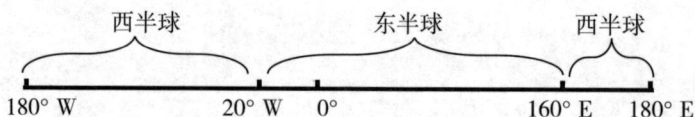

图 1

在此数轴上，东半球和西半球的经度范围一目了然，但总有部分学生无法掌握，究其原因是这部分学生对于数轴没有概念。所以为了让每一个学生都能掌握此要点，教师还要引导学生学会读数轴。

在掌握了半球的判别之后，教师适当配以相关的例题，对学生进行训练，如判断A（30°N，170°W）和B（40°S，20°E）两地分别属于哪个半球。学生在分析此类试题时，按以下步骤进行：

第一步，判南北。A地位于30°N，为北半球；B地位于40°S，为南半球。

第二步，判东西。对照数轴，可以看出170°W为西半球，20°E为东半球，这样就能保证准确无误。

对于部分空间思维能力较弱的学生，可以采用记忆的方式，分步骤来区别半球：

第一步，记住划分东西半球的分界线：（20°W，160°E）。

第二步，记住四个字：小东大西。位于东经（E），就与160°E比；位于西经（W），就与20°W比。如上题中，170°W>20°W，属于西半球；20°E<160°E，属于东半球。

二、在地球仪上，确定某地点的经纬度（新课标要求）

在经纬网中，判定某处经纬度（见图2），可以按照以下步骤，分解来做：

第一步，找"0"。"0"包括"0"度纬线和"0"度经线。我们习惯先找"0"度纬线的位置，即赤道的位置，赤道以北是北纬（N），以南是南纬（S）；再找0°经线的位置，0°经线以东是东经（E），以西是西经（W）。

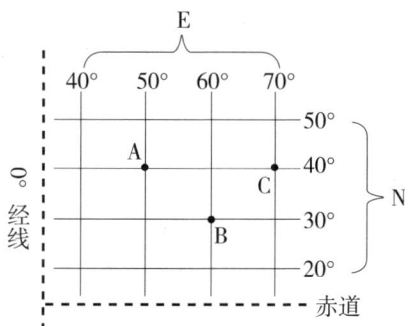

图2

第二步，在地图上标注N、S、E、W。如上图A点经纬度是（50°E，

40° N），这样读数即可，以此类推。

无论是弧形经纬网还是如上面的直线形经纬网，都可以根据上面这两步来确定任何一点的经纬度。应该说，只要会数数，学生都能够学会判断某地点的经纬度。

三、利用经纬网判别方向

利用经纬网判别方向有两种情况。

第一种情况，是在经纬网图上判别方向，如在图3中判别A点（40° N，50° E）在B点（30° N，60° E）的哪一个方向。第一步，在后面的那一个点，即在B点上标出东西南北，便于观测；第二步，连接A和B，可以直接目测出A点在B点的西北方向。

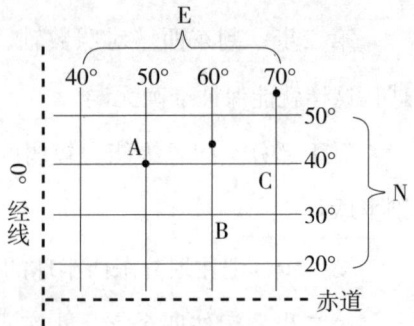

图 3

第二种情况，没有图，利用经纬度判别方向。如判断A（40° N，70° E）在B（30° N，60° W）的什么方向。也可以分步骤分解来做：

第一步，先根据纬度来判别南北。

A：40° N
B：30° N ｝ A与B进行比较 ⇒ （判读） A在B的北方

第二步，再根据经度判别东西。

A：70° E
B：60° W ｝ A与B进行比较 ⇒ （判读） A在B的东方

第三步，合在一起。

结论：A在B的东北方向。

四、地球的自转和公转

新课标对于该知识点主要有两个要求：一是用简单的方法演示地球的自

转和公转，二是用地理现象说明地球的自转和公转。授课时，教师根据地球自转模型为学生演示地球的自转和公转，完成第一个目标；而对于第二个目标，可以用日常生活中的现象去解释说明。这实际上就是要求学生感知身边与地球自转和公转相关的地理现象，并通过比较、分析、归纳等思维过程，形成地理概念，理解地理规律。

地球自转，对学生而言，难点在于理解自转产生的结果。地球自转导致昼夜更替，形成地球上不同地区的时间差异现象。在日常生活中主要表现为东方地区的时间总是比西方地区早，如当我国乌苏里江太阳升起的时候，帕米尔高原还星斗满天；如上述A（40°N，70°E）B（30°N，60°W）两点，因为A点在B点的东北方向，所以A点比B点时间早。

在地球公转的知识点中，有关太阳直射点的变化，我们可以用图4来归纳。

图中小的椭圆可以看成太阳直射点的移动轨迹图，通过分析这个图，可以得出以下结论：太阳直射点在南北回归线之间来回移动。由此可以推导出，当纬度=23.5°，每年有一次太阳直射现象；纬度>23.5°，无太阳直射现象；纬度<23.5°，有两次直射现象。当太阳直射点在北半球的时候，北半球上任何一点的白昼时间都长于夜晚，南半球反之；当太阳直射点向北移动时，北半球的白昼时间变长。

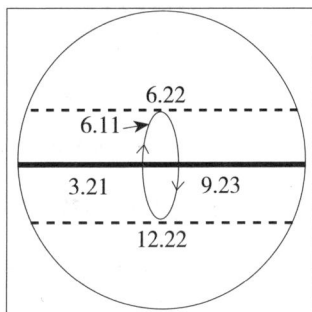

图 4

下面是关于太阳直射点的例题：

每年中考的这一天，日照市的昼夜长短是怎样的？从这一天开始到秋分，日照市的白昼时间是如何变化的？

第一步，看中考这一天太阳直射点的位置（如图4）。中考时间是6月11日到6月13日，在这个日期内，太阳直射点在北半球，故日照市的白昼时间长于黑夜。

第二步，看太阳直射点的移动方向（如图4）。很明显，在6月11日到6月

13日,太阳直射点北移,一直到6月21日或22日夏至这天,白昼时间一直是变长的。自夏至日这天到秋分,太阳直射点南移,白昼时间变短。到秋分,太阳直射赤道,昼夜平分。

五、温度带和纬度带的判别

关于这一内容,最主要的是注意不要让学生混淆温度带和纬度带的定义,如图5和图6。

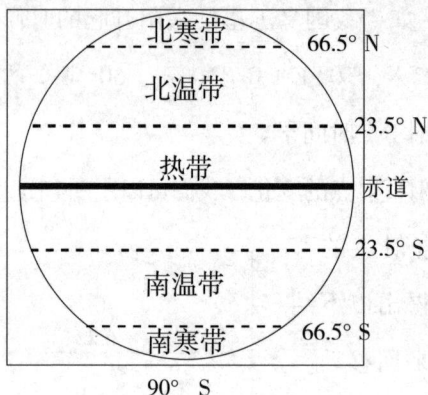

低纬度:0°—30°

中纬度:30°—60°

高纬度:60°—90°

图5　温度带的划分　　　　　图6　纬度带的划分

只有让学生明确了这是两个不同的概念,学生才不至于将其混淆。

事实上,学科之间的学法是相通的。步骤分解、化繁为简,非常有利于那些基础较差,接受能力较弱的学生,可以让他们通过对知识的分解细化,真正掌握该部分内容。对于基础较好的学生,步骤分解能够让他们更深刻地理解知识内涵,培养他们审题细致、做题严谨的学习品质,这对学生的长远发展具有重要意义。

反弹琵琶，让教育回归朴素

一、引子

"连听课的教师都听不懂，更何况学生。"说这话的是日照市岚山区教研室主任庄光清。第一次有幸坐在他面前，听他论述关于课堂教学以及优质课评选的一些理论观点，有一种如沐春风、茅塞顿开的喜悦感，真可谓听君一席言，胜读十年书！

当庄主任讲到目前学校上报一些课题的时候，他说一直都不赞成基层去搞一些大的虚的课题研究，而是支持我们从最根本的课堂教学入手，收集和罗列那些优秀教师的教学经验，然后把它们提升归纳，上升到理论高度，进行归类总结。"来自课堂的东西，才是最实在有效的东西。"他再三强调。

让我特别兴奋的是，对于优秀教师的定位，庄主任与我的观念完全相同。我们都认为，真正的好教师，不是那些总是用作业和时间来提升成绩的教师，更不是那些用严厉手段强行压迫学生被动学习的教师，而是那些能够自如地把握课堂，毫不费力就能让学生理解掌握知识点并能考取好成绩的教师。也只有这样的教师，他们的那套教学经验，才值得我们借鉴和推广。

也就是说，素质教育并不拒绝应试教育，素质教育培养下的人才，应试能力也应该很强。只有这样，才是真正的素质教育！

但是，近几年人们在推行素质教育的时候，似乎把传统教育彻底地贬低了。试想一下，我们已经搞了数百年的应试教育，而它经历这么多年依然存在，自然有它存在的道理。

因为考试总还是被需要的，没有各式各类的考试，我们又如何选拔人才？

如何把素质教育与应试教育有效地结合，用素质教育来提高学生的考试能力，才是我们思考的方向。我个人认为，最好的方式就是让教育回归朴素。针对不同地区的不同学生，选择最朴素、最切合实际的教育方式，从而获取最佳的教育效果。

二、朴素教育

何谓朴素教育？朴素的意思就是不浓艳、不华丽、不奢侈。我们需要的就是这种脚踏实地的教学方式，而不是那些建立在空中楼阁之中，用华丽外表包装起来的触摸不到的虚的理论。

朴素就是要顺其自然，沿着自然的方向发展，因地制宜，因材施教。因此，只有那些来自教学一线，经过检验行之有效的教育方法，才是我们应该提倡和推广的。

杨启亮教授说："教育不需要精雕细刻，要粗糙。"这种说法虽然有点片面，我并不完全赞同，但是从杨教授的观点里，我们可以体会到朴素教育的实质——还一个自然给学生。

说到这里，我想起一幅漫画：一群孩子早晨上学之前，脑袋的形状各种各样，而放学时，他们的脑袋都像他们老师的一样成了圆形的。这幅漫画讽刺的是应试教育，批判应试教育剥夺了孩子的个性。换句话说，就是教育之下，千人一面。当然这说法未免有点夸张，因为倘若教育真的能够做到千人一面，我们的教育也就没有那么多苦恼了。关键是我们在修剪这些"脑袋"的时候，那些方的尖的"脑袋"，我们不仅没有发挥他们的特色，反而将他们原来的个性特长都扼杀了。

而朴素教育就可以避免这一点，因为朴素教育的最终目的就是回归自然，并且要超越自然。所以我认为，我们既不要断言说教育就一定不能精雕细刻，也不要说教育必须要粗糙，一切皆顺其自然。教育有时候需要粗糙，以保护学生个性的差异，让这个世界丰富多彩；有时候也需要细雕，就好像面对一块树根，一旦我们给它定位妥帖之后，是需要雕刻家精雕细刻的，问题就在于我们能否定位恰当。

圆的脑袋，我们要让它更圆一些；方的脑袋，我们要让它更方一些；尖的脑袋，我们要让它更尖一些。朴素教育，归根结底就是把素质教育和应试教育的优点有效整合，让我们的学生在教育的塑造下各尽所能，尽展自我。

三、有关朴素教育的几个理论

下面的几个观点，是我从教十年所得，斗胆把它们归于朴素教育之列，拿来与大家共享。

第一个观点：把复杂问题简单化。

把复杂问题简单化，这是让课堂教学有效的技巧。说起来容易，做起来其实很难。

作为学校分管教研的主任，我去年在学校组织了大规模的"三讲一评"课堂教学活动，一个学期下来，听了近百名老师的课。通过听课，我发现很多老师在讲课中存在着把简单问题复杂化的情况。

举个简单的例子，在听关于太阳直射点变化这节课的时候，这位老师用了一节课的时间滔滔不绝地讲了很多，最后讲得就连听课老师都糊涂了，更不用说学生。其实这个问题完全可以用一句话概括，那就是"太阳的直射点始终在南北回归线之间来回移动"，老师可以再配上简单的图示辅助教学（如图1）。

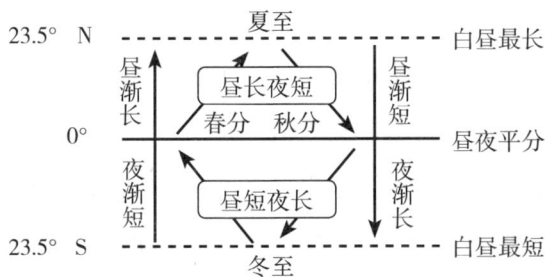

图 1 太阳直射点的移动和昼夜长短的变化图（以北半球为例）

箭头所示为太阳直射点的移动轨迹。太阳直射点从春分（3月21日）直射赤道开始向北移动，到夏至（6月22日）到达最北点北回归线，然后向南移动到南回归线，如此一目了然。

即便是基础再差的学生，看了上面的图也会明白。在此基础上，老师可以继续引导学生推导出纬度小于23.5°的地区，每年都会有两次太阳直射的机会；纬度等于23.5°的地区，每年只有一次太阳直射的机会；纬度大于23.5°的地区，就没有太阳直射现象了。

一个优秀的教师，不是能把知识讲得神乎其神，而是能把知识讲得通俗易懂。用最简洁朴素的语言讲述知识，让所有的学生都能够轻松接受，这就是朴素教育。朴素教育的根本不是把教育复杂化，而是简单化。简单化的目的就是让学生能够轻松地理解掌握知识，并在各类考试中取得好成绩，而这似乎并不违背素质教育的初衷。素质教育下，我们的学生仍然需要经过基础性测试和高考的选拔。

第二个观点：换位教学。

换位教学法是我经过多年的探索实践，本着以生为本的原则，以大力提升学生综合素质为目的提出的一种教学方法。它通过"教师精讲—学生分组协作—生问生答"三位一体的课堂教学模式，为学生营造了一个展现自我、掌握知识的快乐平台。它不仅可以加深学生对所学知识的理解，而且还能培养和锻炼学生的独立思考能力和语言表达能力。

最初产生让学生试讲的想法，是因为我发现有一些记忆性的知识，自己在课下备课的时候用了很长时间也难以记住，而一旦走上讲台讲过一遍之后，就能特别深刻地记住了。我不由得想到，如果让学生也体验这种通过给人讲解以加深记忆的方法，或许会收获不错的效果。于是在课堂教学中，当我碰到一些简单的课题时，会有意让学生起来讲解。后来我觉得这样有机会讲解的学生太少，于是就给学生分组，让每一个学生在组内都能有机会体验当老师的快乐。经过一个学期的试验，这个方法果真取得了很好的效果，我所带的那两个班级的期末地理平均分，比其他班级的平均分竟高出32.4分之多！

当然，诸如上面这些来自教学一线的理论观点还有很多，如要学会做一个"笨"老师等。其实,这都是一些最简单的教学方式,这些方式并不是独立存在的,而是渗透在每一个教学环节中。这些方式不仅可以帮助教师把握学生,还可以最大限度地解放学生,让学生体会到学习的轻松快乐。

总之,我始终认为教育应该是朴素的而不是华丽的。教育就是要我们陪孩子一起长大。教育不需要太多的规章制度,教育学生的根本方法是"不害其长",不要妨碍其自然地成长,即"顺木之天,以致其性"。教育就是要量体裁衣,让每个孩子的特色更鲜明。

最后,还是以庄光清主任的话作为结尾吧:"不管是扬子中学还是杜郎口中学,他们之所以能成为名校,核心就是高质量的教学。所以,一个学校想要发展,最主要的依然是靠教学质量的提高,而这,取决于你的课堂教学质量。关于课堂教学,我们要的不是那些华而不实的模式,而是一种最简洁朴素的教学方式,它才是素质教育的根本。素质教育并不抹杀学生的应试能力。这,我们就称之为朴素教育吧。"

让教育回归朴素!

(本文于 2009 年 1 月发表于《日照教研》)

自主合作　换位教学

——"五环节"课堂教学模式初探

一、产生背景

受应试教育影响，我校教师思想陈旧，不能适应新课改的要求，学校中存在着靠"满堂灌"、填鸭式加班加点、机械重复、强化记忆等手段进行教学的现象。

这种填鸭式的教学方式与目前的素质教育相违背，它提高的仅仅是学生的学习成绩，却忽视了对学生情感、态度、价值观的培养，忽视了对学生技能的锻炼。在这种教学环境之下，学生只能被动地接受知识，沦为成绩的奴隶，很难体验到学习的快乐，从而丧失学习兴趣，创新能力、实践能力、独立生活能力的培养也就无从谈起。

为了彻底改变以上现状，2006年，我校新任领导班子特别重视学校校本教研工作，明确提出了新的教育改革思路：向课堂要效率，促进学校教学方式转变，倡导自主合作探究学习与有意义的接受学习相辅相成的学习方式。

2006年9月，为了摸清每一位教师的授课方式和教学能力，学校对教师展开了网筛式"三听三评"活动。通过普讲普听普评，大大提高了全体教师的授课水平。

在此基础上，从2007年春天起，学校又在各学科之间开展了"构建自主型学习方式"的先周集体备课活动，鼓励教师积极参与课堂研究，帮助教师尽快走出传统教学"以教师为主体"的模式。经上级教育主管部门批准，学校派出了由教研组长和部分青年教师组成的学习队伍，远赴杜郎口中学学习，真正领略自主学习、合作学习的魅力。回来后，学习小组通过培训交流、报告讲座、教师论坛、心得体会结集等多种交流方式，在全体教师中推广新的教学理念，取得了良好效果。

为了真正落实集体备课，2007年秋季，我们又开展了"创新教学，构建自主型学习方式"的课堂教学活动，旨在探究课堂教学模式，使理论与实际结合，探索整合出一套符合我校实际的切实可行的教学模式。

换位教学法就是在这种情况下应运而生的。所谓的换位就是彻底改变常规教学中"教师讲、学生听"的传统方式，把学生与教师的主客体关系调换。按照课程标准，教师在精讲教材内容的基础上，把重点放在开辟学生自讲上，将课堂中需要学生掌握的知识点提供给学生，让学生采用分组协作的方式自主学习，教师在旁提供相关材料。让学生登台讲课，使学生广开思路、各抒己见，共同参与问题分析，相互交流学习方法，提高学生对教材内容的理性认识，培养学生的自学能力，形成"教师精讲—学生分组协作—生问生答"三位一体的课堂教学模式。

二、"自主合作，换位教学"的实施步骤及成效

环节一：精备教材，精备学生。

首先，精选学生自讲课题。并非所有章节的讲解都可以交给学生，对于一些难度较大的章节，可以采用教师精讲与学生自学相结合的方式，确保换位教学法的实效。

选好教材后，要对教材精雕细琢，做到重点、难点清晰，并以细致充分的知识储备为后盾，解答学生在自学过程中产生的疑惑。

最后，还要认真分析每位学生的特点，根据学生的学习状况、性格特点精心分组，以保证每个小组都有一个能够"主讲"的学生。

环节二：精选"试教"学生。

在换位教学实施的初始阶段，教师先挑能力较强的学生"试教"，让学生倾其所学而述之，以个别带动"一班"，使换位教学产生良好的连续效应。

教师一定要多鼓励、多表扬，让学生通过成功"试教"获得学习的乐趣。等条件成熟了，再通过小组竞赛的方式推选出"试教"的学生，直到最后，将权利完全给予学生，让所有的学生都能积极参与其中，体验"为师"的艰辛与快乐。

环节三：换位上课。

为保证学生进入教师角色，做到落落大方、不拘束、不畏惧，教师扮演好学生角色很关键。教师绝不能一边扮演学生，一边不忘教师身份，在学生登台讲解的过程中指手画脚，不停打断学生的讲话，这样不仅不能让学生尽情发挥，而且还会打击学生的积极性，让他们失去扮演教师的兴趣，从而达不到换位教学的预期效果。

环节四：生问生答。

在学生自讲的过程中，很难避免有很多问题讲不透的情况。在这种情况下，教师要引导学生以小组为单位互相提问，然后互相解答，通过此环节来加深学生对知识的理解。如果遇到学生无法解决的问题，再由教师解答。

环节五：反馈矫正。

在以上四环节的学习过程中，教师把学习的主动权完全让给学生，放手让他们自主学习，同时教师对学生自主学习中出现的疑难、困惑及时反馈，使问题在课堂中得以解决，保证了课堂教学效率的提高。

一年来，我校实施"五环节"教学，取得了良好的效果，主要表现在以下几个方面。

第一，学生中存在的难懂、难学的问题，通过相互探究迎刃而解。在换位中，由于主客体都是学生，一种无拘无束的心态把大家融为一体。从最初指定专人登台到全班同学都跃跃欲试，主动争相"试教"，换位教学法所形成的这种开放式的学习环境，使程度各异的学生都能在此找到适合自己的位置，互相学习，互相启迪，取长补短，拓宽思路。这种教学方法使每位学生的学习主动性得到充分调动，他们由以往的亦步亦趋转为主动进取，先在教师的帮助下自学，较好地掌握课本内容，再通过登台讲解、互相辩论，进一步加强对理论知识的理解。

第二，换位教学法为教师在课堂内容精选、精讲的抉择方面提供了更大的空间。教与学这一对矛盾共存于教学系统中，在一定条件下，它们在教学中的位置会发生转变：学生由被动地听变为带着问题听课、带着问题看书、带着问题思考。学生主观能动性和自学能力逐渐提高，使他们对教师的讲课提出更高的要求。教与学位置的转变也促使教师更加全身心地研究教材的重点和难点，优化教授内容。把易懂的内容留给学生，不仅减轻了讲课负担，还使教师能更好地为自学过程中的学生答疑解惑。

第三，换位教学法通过学生与学生之间的互动、学生与教师之间的近距离交流，缩短了师生之间的距离，加深了师生之间的友谊，也为教师更好地了解每一位学生做好了铺垫。同时，换位教学法还锻炼了学生的交往合作能力，培养了学生的集体观念，促进了学生人格的健全发展。

第四，换位教学法提高了学生的综合能力，特别是学生的自学创新能力，这是换位教学法的最大成功点。我们知道，素质教育的目的不是单纯教给学生知识，而是要教给学生如何将知识转化为能力，而能力的提高又必须以知识为载体。面对浩瀚的知识，单凭厚积薄发是远远不够的。教学中，教师要注意采取科学的方法将知识有效地转化为学生的能力。换位教学法正是通过形式多样的互动方法，启发学生进行独立思考、探索和发现，鼓励学生学会自主学习、自主探索创造，在知识与能力的转化中取得显著成效。

三、以课题研究为载体，用"换位"实现"五环节"学习

2008年，日照市教研室组织开展了"优化课堂教学结构与实施策略研究"的课题研究。作为校本教研基地学校，我校自当积极参加。为此，学校教研室组织骨干教师认真学习日照市教研室提出的"五环节"教学模式，创新提出用换位教学法落实"五环节"学习（自主性学习、互助性学习、反思性学习、练习性学习、补偿性学习），达到有效教学的目的。

为此，学校在六年级的四个班中，选择两个班作为实验班，两个班作为

对照班，自 2008 年 9 月开始进入实验。具体实施措施如下：

首先，选拔有换位教学实施经验的教师参与实验，培训实验教师，让他们了解"五环节"学习的内容，明确"通过换位教学，对'五环节'学习方法进行优化组合，形成各种学习方法优势互补，实现高效率学习"的实验目的。

其次，在形式上改变。打乱学生座位位置，让学生分组而坐。搬讲台于一侧，同时空出前后两个黑板供课堂使用。对学生进行细化分组，选出组长，让学生自我管理、自主学习。

最后，在内容上改变。课堂上能交给学生的，教师最大限度地放手；不能交给学生的，也要求教师尽量地少讲、精讲；对于一些难点，教师可以让领悟能力强的学生担任小教师，在组内进行讲解，然后一传二，二传四，四传八，通过学生之间的交流互助，达到让所有学生共同进步的目的。课下给学生广阔的空间，让学生自己组织各种各样的主题活动，教师只需要做好后勤工作。相信孩子，只要你给他们条件，他们就有能力成功。

总之，通过全体教师的共同努力，目前我们正在实施的这个"五环节"换位教学授课模式已经取得很好的效果。相信在以后的教育改革实践中，我校的教学质量也会随着素质教育的不断深化而全面提升。

（本文于 2008 年 5 月发表于《日照教研》）

附1：人教版七年级区域地理学案

一、区域地理学习方法指导

人教版七年级地理下册的内容,属于区域地理,最好按照以下步骤来学习。

（一）第一步：学习一个地区前，先读图，通过图来定范围

读图主要包括读位置图,政区图,地形图,气候图,资源、工业、城市分布图。

（二）第二步：分析该地区的地理位置

主要从以下三个方面来分析。

1.半球位置。包括东、西、南、北四个半球。在判断半球位置的时候，可以在图上查找南北半球分界线赤道，和东西半球分界线（20°W，160°E），借此来判断。

2.经纬度位置。经度位置，指的是东西方向的跨度，对于所跨时区，初中阶段不怎么要求；纬度位置，指的是南北方向的跨度，可以用所属温度带来表示。

3.海陆位置。顾名思义，就是从该地区所临的大洲或者海洋的角度去分析地理位置。

地理位置还可以分析相对位置。在描述一个范围较小的地区时，就没必要来描述半球位置了，只描述相对位置即可。如描述山东的地理位置时，可以描述山东周围的邻省，这样，我们称之为相对位置。

（三）第三步：分析该地区的自然环境

自然环境主要包括以下几个方面。

1.地形

描述某个地区的地形时，可以从两个方面来描述。

（1）从地形类型角度分析。如该地区以某种地形为主，地形复杂（或者单一）。如果该地区地形由明显几部分组成，则可以直接罗列。

（2）从地势角度分析。如分析亚洲地形特点时，可以描述为"地形以高原山地为主，地形复杂多样；中部高，四周低，地势起伏大"。

2. 河流

可以从以下几个方面分析河流的水文特征。

（1）判读流向。根据地势特点，可以判读出该地区的河流流向和所属水系。如亚洲地区的河流多发源于中部，呈放射状向四周奔流入海，水系属于太平洋、印度洋、北冰洋水系。

（2）根据流量、结冰期、汛期、流速、季节变化大小、流经地区经济状况、人口城市分布等要素判读河流的水能资源和航运价值。

（3）河流流量、结冰期、汛期、流速、季节变化大小等水文特征可以根据河流流经地区的气候来判读。

3. 气候

描述一个地区的气候，可以从以下几个方面着手。

（1）从气候类型上来描述，如亚洲气候类型复杂多样。

（2）从该地区气候特色上来描述，如亚洲季风气候显著。

（3）从普遍性上来描述，如亚洲大陆性气候分布广。

4. 资源

对于资源的分析，看地区需要来定。

如学习日本的时候，资源短缺是一个重点内容；学习巴西、澳大利亚、俄罗斯时，则以资源分布为重点内容。

发展工业需要考虑的首要问题，就是资源是否丰富。

（四）第四步：在学习自然环境的基础上，分析地区的人文环境

人文环境主要从以下几个方面分析。

1. 农业发展特色。根据该地自然环境中的地形、河流、气候特点可以推断出该地农业发展的优势和存在的问题。影响农业发展的自然条件主要有地形、土壤、光照、水源、热量等，影响农业发展的人文条件主要有交通、市场、政策、技术等。

2. 工业发展特色。影响工业发展的自然条件有资源、地形、气候等，影响工业发展的人文条件有交通、市场、政策、技术、基础、资金等。

3. 文化特点。与历史及自然环境有关，以上面知识点为基础，理解掌握。

二、以《巴西》一节的学习为例

第二节　巴西

学习目标：

1. 根据巴西国家发展史等历史资料及巴西民族构成图，能够说出巴西的民族构成及文化特点。

2. 通过读巴西位置图及地形图，能说出巴西的海陆位置、纬度位置、气候特征、河流特征、地形区分布。

3. 通过学习巴西工农业发展情况，能说出巴西工农业的生产特征。

4. 通过对巴西热带雨林的学习，能够列举出巴西热带雨林的环境效益以及开发过程中存在的问题。

5. 学会根据巴西政区图找出巴西的主要城市并描述其分布特点。

6. 通过本节课的学习，说明巴西在城市发展过程中存在的问题。

目标即考点，每学完一个考点，就将一个考点划去。

学习过程：

（一）第一步：读图填图，以图为基础，开启巴西之旅（填图一定要用铅笔！）

1. 在图上填写地形区名称（2个）；

2. 在图上填写河流名称（3条）；

3. 在图上填写城市名称（4个）；

4. 在图上填写大洋名称（1个）；

> 铅笔绘制巴西轮廓图

5. 在图上填写水电站名称（1个）；

6. 在图上找到阿根廷、巴拉圭、乌拉圭等邻国。

注意：每记住一项，就用铅笔划去一项，你学会了吗？

（二）第二步：以图为基础，判读巴西的地理位置，并说出判读理由（在考试中约占 3 分内容）

1. 半球位置：在图上绘制特殊纬线——赤道和南回归线。

2. 纬度位置：① _____（注意重要纬线，如果没有重要纬线，就用低、中、高纬度来代替）；

② _____（用所处温度带来表述地理位置）。

3. 海陆位置：① _____（从大陆的位置来分析，可以通过大洲方位来判读，也可以通过所临国家来判读）；

② _____（从所临海洋的角度来叙述）。

（三）第三步：以图为基础，判读巴西的范围（或者地位）

比如：巴西是拉丁美洲面积最大的国家。

（四）第四步：以图为基础，判读巴西的自然环境

1. 地形：① _____（从地形类型角度来分析。如果地形分为明显几类的话，可以直接罗列）；

② _____（从地势角度来分析）。

2. 气候：① _____（从气候类型角度来分析。如果气候分为明显几类的话，可以直接罗列，若不明显，可以用复杂或者单一来形容）；

② _____（从整体特点上把握，比如某一种气候分布广泛，或者特别显著）。

3. 河流：主要河流有① _____；② _____；

③ _____。（主要从以下几个方面分析河流的水文特点：①水量；②流域面积；③汛期；④结冰期；⑤含沙量；⑥流速。）

判读河流特点：

（1）判读河流的航运价值

①看水量是否丰富，如果水位太低，船无法行驶；

②看河流结冰期长短；

③看流速是否平稳；

④看季节变化是否明显，比如有些河流在旱季或者干季无水。季节变化太明显，会导致航运具有季节性，价值降低；

⑤看河流流经区域人口是否密集，经济是否发达。

（2）判读河流水能资源是否丰富

主要看河流水量是否丰富，河流流经地区地势落差是否大。

（3）判读河流灌溉价值

①是否有水；

②周边是否发展农业。

通过上面的方法，我们可以分析：

①亚马孙河为什么被称为世界第一大河？

②亚马孙河航运价值高还是低？为什么？

③巴拉那河的水能资源为什么丰富？

（4）资源：分析主要矿产资源及其分布（注意此类试题，如果图上有明确的资源类型的图例，在分析的时候一定要写清楚。）

（五）第五步：以图为基础，根据其自然环境，推断人文环境

1.农业

（1）分析巴西发展农业的有利条件

①自然条件。可以从以下几个角度来分析某地区农业发展的有利条件：地形、气候（气温和降水）、灌溉水源、光照、热量、土壤等。

②人文条件。包括劳动力、市场、交通、科技、政策等。

（2）巴西主要农作物（巴西为什么热带经济作物产量大？）

①巴西种植业主要分布在哪里？为什么？

②巴西主要热带经济作物有哪些？

2. 工业

（1）分析巴西发展工业的有利条件

①自然条件。主要从资源、位置等角度来分析某地区工业发展的自然条件。

②人文条件。包括交通、劳动力、市场、科技、政策等。

思考：从自然和人文两个角度来分析巴西工业为什么分布在东南沿海地区。

（2）巴西工业定位及部门特点

（3）巴西城市人口分布特点及原因

思考：巴西人口和城市为什么集中分布在东南沿海地区？过度集中的人口分布会带来什么问题？

（六）第六步：热带雨林的开发与保护（此知识点属于巴西特有的）

1. 热带雨林的作用

2. 巴西热带雨林面临的问题

3. 如何保护热带雨林

附 2：人教版八年级地理气候（专题）复习学案

一、设计思路

本节课采用"五环节"换位教学模式，体现以学生为主的理念，培养学生自主学习、合作探究的能力。同时通过绘制地图、模拟训练以及换位教学等措施，提升学生的语言表达能力，加强学生的综合思维及区域认知能力，培养学生的地理实践力。

（一）前情回顾

以学生自主学习为主。第一步，学生自主学习，通过对基础知识的回顾加深记忆。在学生自主学习的时候，主讲教师和辅助教师随时巡视，进行即时指导。第二步，以组为单位（5 人一组）进行全员基础知识加强训练，组长负责两位副组长，副组长负责另外两位同学，在此过程中教师进行方法指导和纪律把控。

（二）绘制世界气候图

以学生合作为主。第一步，以组为单位，确定图例，然后在空白图中填充不同颜色，用以代表不同气候类型，通过识图来探究世界气候类型的分布规律。整个活动在小组内完成，要求组内每一位同学都能填写气候类型分布图。第二步，用抽签的方式选择对手，组间进行竞赛。因填图内容相对简单，可以选取组内排名第四、五位的学生参与竞赛。

（三）根据气候要素判断气候

此环节可以使用换位教学法，由第二环节中优胜小组的组长负责本次内容的讲解。为了保证课堂顺利进行，一定要有时间限制。

（四）学生换位教学完成，教师根据实际情况适当做补充

给学生几分钟的思考时间，同时多位教师对各组分别进行指导。

（五）模拟中考训练

模拟中考，考完出示答案。根据课堂时间情况，或在课上对题目进行讲解，或课下通过小组将讲解任务分解下去。

二、授课过程

（一）前情回顾

1. 气候两大要素

（1）天气与气候的辨别

①天气：反映一个地方短时间的大气状况，经常变化。同一时刻，不同地方的天气差别很大。

②气候：一个地方多年的天气平均状况，一般变化不大。

③天气预报：说明一日内阴晴、风、气温、降水情况。

④风向及风力的识别（见人教版初中地理七年级上册第48页）

⑤识别阴晴图例（见人教版初中地理七年级上册第49页）

⑥气温：大气的冷热程度。（日平均气温、月平均气温、年平均气温）

一天中最高气温出现在_____；最低气温出现在_____。

⑦陆地：一年中，北半球最高气温出现在____月，最低气温出现在____月。

南半球最高气温出现在____月，最低气温出现在____月。

（可据此判断南北半球）

⑧海洋：一年中，北半球最高气温出现在____月，最低气温出现在____月。

南半球最高气温出现在____月，最低气温出现在____月。

（可据此判断季节或者海洋、陆地）

例题：

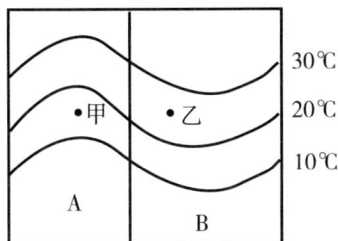

若 A 为海洋，B 为陆地，判断该地是夏季还是冬季。

答：_____。

若该地是冬季，判断 A、B 是陆地还是海洋。

答：_____。

⑨卫星云图：绿色表示____，蓝色表示____，白色表示____。（见人教版初中地理七年级上册第 49 页）

（2）空气质量：空气质量的高低，与空气中所含污染物的数量有关，用____来表示。

例题：

	空气质量状况	污染指数	空气质量级别
优			
良			
轻度污染			
中度污染			
重度污染			

影响空气质量的因素有哪些？

答：_____。

2. 影响气候的因素

例题：

判断导致下面不同地区气候差异的主要原因。

天津的年降水量比乌鲁木齐多：_____；

青藏高原是我国夏季气温最低的地方：_____；

安第斯山脉南段西侧降水充沛，而东侧降水少：_____；

我国冬夏两季南北方温差大：_____；

赤道地区终年炎热,南极大陆终年被冰雪覆盖:_____;

全球气候逐渐变暖:_____;

我国西北地区降水少:_____。

3.气温分布规律

A_____;

B_____;

C_____。

4.降水分布规律

A_____;

B_____;

C_____;

D_____;

E_____。

（二）结合气温、降水分布规律,以亚欧大陆为例,简单绘制世界气候分布图,探究世界气候分布规律

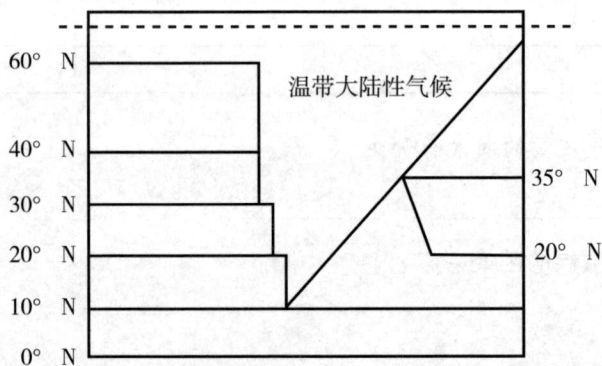

（三）根据气候要素,判读气候类型

第一步,定半球。最热月在7、8月份,为北半球；最热月在1、2月份,为南半球。

第二步,以温定带。

最冷月均温 > 15℃	热带气候
最冷月均温在 0—15℃（最冷月气温大于 0℃）	亚热带气候，温带海洋性气候，地中海气候
最冷月均温在 –15—0℃（最冷月气温低于 0℃）	温带季风气候，温带大陆性气候
最热月均温低于 10℃（各月气温均低于 10℃）	寒带气候

第三步，以水定型。

全年多雨型	热带雨林气候	全年湿润型	温带海洋性气候
冬季多雨型	地中海气候	夏季多雨型	季风气候，热带草原气候
少雨型	热带沙漠气候，寒带气候，温带大陆性气候		

第四步，气候特征描述。

气温描述：

气温 >20℃，高温（或炎热）；气温 10—20℃，凉爽；

气温 0—15℃，温暖；气温 <0℃，寒冷

降水描述：

月降水量 >100mm，多雨；月降水量 50—100mm，湿润；

月降水量 <50mm，少雨（干旱）

（四）根据所学知识，进行总结，换位检测教学

世界气候判读及特征描述小结

	特征	降水类型	气候类型	合并特征	备注
热带	全年高温	多雨	热带雨林气候	全年高温多雨	草原气候，降水最多月降水量一般少于 400mm；热带季风气候，降水最多月降水量可达 600mm 以上
		少雨	热带沙漠气候	全年高温少雨	
		分干湿两季	热带草原气候	全年高温，分干湿两季	
		分旱雨两季	热带季风气候	全年高温，分旱雨两季	

（续表）

特征	降水类型	气候类型	合并特征	备注
夏季炎热，冬季寒冷	降水集中在夏季	温带季风气候	夏季炎热多雨，冬季寒冷干燥	这两种气候，最冷月气温都低于0℃
	全年少雨	温带大陆性气候	夏季炎热，冬季寒冷，全年降水较少	
夏季炎热，冬季温和	降水集中在夏季	亚热带季风和季风性湿润气候	夏季炎热多雨，冬季温和湿润	这三种气候，最冷月气温都高于0℃
	冬季多雨	地中海气候	夏季炎热干燥，冬季温和多雨	
夏季凉爽，冬季温和	全年湿润	温带海洋性气候	冬季温和，夏季凉爽，全年降水均匀	

（注：左侧"温带"为整列分类标题）

（五）模拟中考训练

表格型：气候特征不以图片形式出现，而以表格形式出现。

读某地气温、降水资料，回答1—3题：

月 份	1	2	3	4	5	6	7	8	9	10	11	12
气温（℃）	24.7	24.4	21.2	16.5	11.7	8.2	6.9	7.9	10.6	13.7	17.9	21.5
降水（mm）	18	25	65	79	80	107	132	122	77	72	61	44

1. 从该地气温和降水的月份分配组合上判断，该地的气候类型是（   ）

A. 温带季风气候   B. 亚热带季风气候

C. 地中海气候   D. 热带草原气候

2. 该地可能是（   ）

A. 罗马   B. 上海   C. 伦敦   D. 开普敦

3. 南非开普敦与我国南京的气候相比较，当南京为夏季多雨的时候，开普敦的气候特点为_____。

读某地气候资料，回答4—5题：

1月均温	7月均温	6—8月降水量	12月—次年2月降水量	年降水量
−6.4℃	23.8℃	429mm	85mm	685mm

4. 该地气候类型为（　　　）

A.地中海气候　　　B.温带海洋性气候

C.温带季风气候　　D.亚热带季风气候

5. 该地所处自然带的典型植被类型是（　　　）

A.亚热带常绿阔叶林　　B.温带落叶阔叶林

C.亚热带常绿硬叶林　　D.热带稀疏草原

读某地气候资料，回答6—7题：

1月均温	7月均温	1月降水量	7月降水量	年降水量
3℃	17℃	50mm	85mm	705mm

6. 该气候类型主要分布在（　　　）

A.亚欧大陆内部　　　　　B.亚欧大陆东岸

C.30°—40°大陆西岸　　　D.40°—60°大陆西岸

7. 该地区气候类型为（　　　）

A.温带海洋性气候　　B.地中海气候

C.温带季风气候　　　D.温带大陆性气候

普通型：经典的气温曲线图和降水柱状图。

8. 夏季奥运会一般于7月下旬召开，北京奥组委建议将其放在9月份召开的主要原因是北京7—8月（　　　）

A.多暴风雪　　B.多沙尘暴　　C.多高温，暴雨　　D.多台风

读雅典和北京两地的气候资料，回答9—10题：

9. 雅典7月的降水与气温特点是（　　　）

A.降水较多，气温较高　　B.降水较多，气温较低

C.降水较少，气温较高　　D.降水较少，气温较低

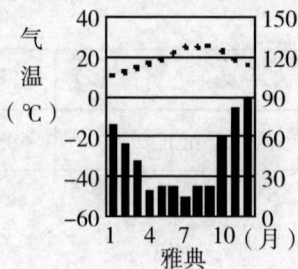

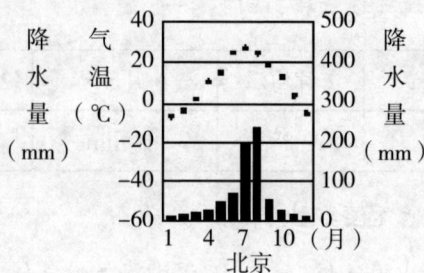

10. 右图的气温曲线和降水柱状图表示的气候类型是（　　）

A. 亚热带季风气候　　　B. 地中海气候

C. 温带大陆性气候　　　D. 温带海洋性气候

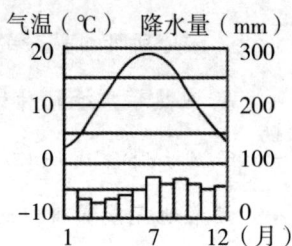

读下列四幅降水和气温年配置图，回答下题：

11. 位于热带气候区的地点是（　　）

A.①②　　　B.①③　　　C.②③　　　D.②④

12. 位于南半球的地点是（　　）

A.①　　　B.②　　　C.③　　　D.④

13. 关于四种气候类型的判断，正确的是（　　）

A.①为温带海洋性气候

B.②为亚热带季风气候

C.③为亚热带季风气候

D.④为地中海气候

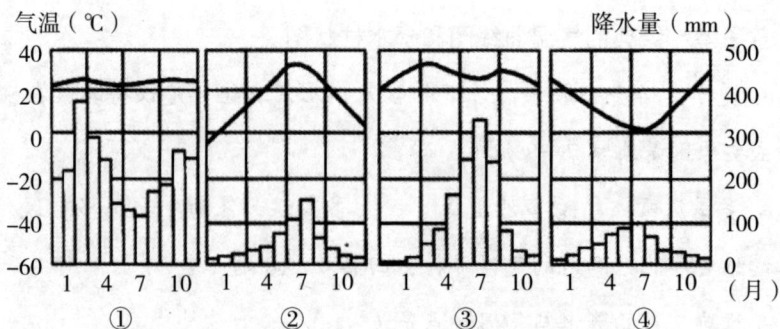

▌第二章
学习是最美的遇见，培训是最好的提升

淡然修心境，用心做教育
——参加日照市骨干教师培训有感

2009 年 8 月 17 日到 21 日，我参加了由日照市教育局师训处在日照师范学校举办的骨干教师培训班。为期五天的培训，可以说是名师汇集，让我有机会感受他们的风采，聆听他们精彩的讲座。他们的讲授，让我进一步了解和掌握了新课改的发展方向和目标，反思了以往工作中的不足。虽然本次培训也有诸多不如意，如个别名师的讲座理论性太强，或者实用性不大等，但我深信，只要学习就有收获。特别是几位来自基层的名师分享的真实经历、鲜活案例和丰富的教育理念，给了我深刻的印象，让我受益匪浅。

下面是我通过培训获得的点滴体会。

一、学会积累，学会总结，做一专多能的教师

听了温德峰老师的讲座《做一位永远学习的老师》，我感受最深的一点，就是教师一定要学会写，写教学备忘录，写教育叙事，写教育日志。因为只有不断学习、记录、总结，才能让自己的授课语言变得凝练与风趣，从而提高自身内涵，上出高质量的课。作为一名专职负责教研的教师，我对此深有感触，每年我们都在学校开展"三讲一评"的课堂教学活动，每个学期我都

会听上百堂课，我发现我们的教师，特别是一些理科教师的课堂语言十分枯燥，甚至可以用"贫乏"二字来形容，他们把一些完全可以讲得生动形象的知识，讲得晦涩难懂。为此，我曾多次要求我们的教师加强语言学习，多读书，除了读一些教育专著，还要多读一些文学作品，不断提高自身的语言表达能力。我自己也一直坚持在博客里写读书笔记、教育心得和生活感悟，并经常在报刊上发表一些文章。在学习与写作中，我不断成长并收获着。

"想给学生一滴水，教师就必须要有一桶水。"素质教育要求我们的学生全面发展，作为教师，其实更应该全面发展，做一专多能的教师。试想一下，如果我们的教师都能够做到以自身渊博的知识为底蕴，用通俗易懂的方式给我们每一位学生讲述深奥的知识，何愁我们的教育不能健康地发展？

二、修一颗淡然之心，做一个教育事业上的有心人

"来城里两天了，听了一天的课，累，好在收获不少。昨日那位国家级特级教师讲述了自身的成长历程，故事虽然没有多少新意，讲的就是奋斗拼搏以及抗击挫折的内容，但我依然能从这些故事里感悟出他曾经的付出与努力。多年来，我一直梦想能够在教师这个行业里成就一番事业，可惜经过了这么多年，激情磨损得差不多了，却还一直默默无闻。对照这位特级教师，我惭愧，我没有他的坚忍，他历经那么多艰辛却依然保持激情，而我一遇挫折就颓废了。从他的经历中，我明白，修一颗淡然之心，专心做教育，即便无心名利，也定会有所收获！

"但昨日的另外一场报告，因为讲的是一些又高又深的理论，听起来就让人觉得枯燥了。我也曾读过不少有关这方面的理论书，总觉得无论再高深的理论，其实说的不过就是一个最简单的道理：'去努力吧！'努力就要心中有希望、有目标，一个台阶一个台阶地爬！每一位戴上桂冠的名师，或许都有不同的成长之路，但无论怎样，想要成为一名好教师，最根本的就是要有爱，还要有无须多么高深但一定足够的知识储备，再加上激情和持之以恒的坚持！

"以名师为榜样去努力，却不能将名师的荣誉当目的。作为一名教师，最起码的品德，就是要淡泊名利，对得起'为人师表'四个字，时时事事做学生的表率，修身养性至雅致。须知道，生活中，并不是每一位优秀的教师都能够戴上名师的桂冠，但我相信，那些没有戴上名师桂冠却一直在默默努力奉献的教师，同样值得我们敬仰，因为他们是真正意义上懂得享受职业幸福感的人。"

三、注重个性，善于反思，做一名有自己特色的反思型教师

像我们要求孩子一样，现代教育要求我们一定要注意发掘学生的个性特长，以达到因材施教的目的。其实这理论也可以用到我们自己身上，教师也应该注重个性的保持。学习他人的长处固然好，但是我们在学习他人好的教学方法的同时，也一定要保留自己的特点，切不可人云亦云，照搬照抄。而且，教育本就没有固定的模式，一直以来，我一直遵循"只要适合的就是有效的"的原则，寻找独属于自己的教学方式，去教研，去创新。

另外，在多年的教学教研生涯中，我深刻地认识到反思对于教师成长的重要性。这一点我也从邹见芳老师的讲座里找得了共鸣，并通过她的讲座得到了深化。

反思是教师的一块"自留地"，只有不断反思，才能检讨自己的教育理念与行为是否正确。要不断追问"我的教学方法有效吗？还能更有效吗"，并为了寻求更有效的教学方法逼迫自己不断总结得失，不断反思自己的认识，不断修正自己的策略，从而获得持续的专业成长。

如果一个教师仅满足于获得经验而不对经验进行深入思考，那他就不可能再有提升和发展的空间。教师专业发展所需求的大量知识和实践智慧，只有靠教师自己在日常教学实践中不断反思、探索和创造才能获得。

所以，在反思中成长，是成为一个骨干教师的必经之路。

四、追求有效，实现课堂的高效性，让教育回归朴素

在培训的最后一天，最后一课，一位连云港老师的讲座让我想到了朴素、有效和魅力教育的概念。朴素、有效的教育，不在于形式有多么复杂，而在于如何简单有效。创造一个简简单单的有效的课堂，是我们每一位骨干教师追求的目标。在这里我说的简简单单的课堂，是简明而不失品位，简约而不失精彩，简化而不失实在，简要而不失到位，简便而不失高效的课堂——其实这种意义上的课堂，就是一种更高层次的返璞归真。这种"简单"是对冗繁的传统课堂的一种"清洗"，又是对"表面繁荣，热热闹闹"的花架子式的课堂的一种纠正；是对学习本质的一种回归，也是学生主动学习意识的一种彰显。如果能做到这样，就是给课堂赋予了魅力，这不仅仅是有效教育，更是魅力教育了。

为了实现这个目标，我由衷地感觉自己身上的压力变大了，但我相信，在以后的教学生涯里，我会像温老师一样修炼心境，激扬文字；也会像邹老师一样用心做教育，潜心搞科研；更会像最后那位老师一样，享受教育，做简单教育，做魅力教育，不断超越自我！

聆听专家教诲，做有心用心之人

——山东省课程标准学科骨干教师培训心得

2012年5月8日，我有幸参加了山东省义务教育课程标准地理学科骨干教师培训班。在这三天里，我分别聆听了陈澄教授对新课标的解读——《地理课程的性质、理念与目标》、朱雪梅教授关于《地理学业评价与资源建设的理路与机制》的报告以及林培英教授关于《地理课程内容分析》《地理教学方法分析》的讲座。在这个炎热的夏天，第一次面对面地聆听专家教授们的讲课，我感觉如沐春风，他们丰富的教育教学理念、高层次的理念讲解，一次次震撼着我的心灵，驱散了我多年来对于课程改革的一些困惑，让我饱享了一次高规格的"文化大餐"。

首先来说一下陈澄教授的讲课对我的触动。陈教授主要将修订后的课标与以前（试用）的课标为我们进行了细致的比对，并解释了如此修改的原因以及修改后新课标的科学之处。陈教授的讲述，让我有种通透明了的感觉。

说实话，在这之前，我是很少去关注课标的，平日里只是抱着课本、对着教参上课，至于课标里的要求，很少会去研究，以至于教了近二十年的地理，在备课过程中对于一些三维目标行为动词的使用，还有一些知识点的难易程度把握不好，甚至一直模糊。听了陈教授的讲课，我特别忐忑，为自己以前忽视课标而唏嘘。事实上，我知道在我周围有好多像我一样的教师，所以，在以后的工作中，我一定要将我的这种认知传达给同事们。

8日的晚上，我窝在宿舍里，对照着听课笔记和新课标，认真研读并用心揣摩陈教授说的每一个细节，比如前言的导入语的每一条"有助于"，地理课程"兼文兼理"的几个特征等。陈教授的讲课，让我有种拨开云雾见月明的感觉。感谢陈教授。

如果说陈教授的讲课为我解答了多年的困惑，那么朱雪梅老师的课，则将我带到了一个充满智慧与希望的全新领域。在对学生进行学业评价方面，朱教授的点子层出不穷。特别是她提到的加分规则，让我耳目一新，原来评价还可以这样做啊！这好像一把钥匙，一下子为我打开了数道门，让我豁然开朗。以后在对学生进行过程性评价的时候，我想我会借鉴这些方法的，但我绝不会直接照搬朱教授的做法，我会有自己的改进与创新，因为我知道，我们不能让自己的头脑，成为别人思想的"跑马场"。

朱教授真是个有心之人，她的设计测试命题的规划表，也给了我很大的启发。自2004年起，我就一直承担着我们区初中地理单元过关试题的出题工作。对照朱教授的做法，我为我以前出题的粗糙而惭愧，我想，下一次再出题的时候，我会尽力做到出得"精致"。感谢朱老师，我从她的思想里收获了许多，从她的讲述里，我领略了她求真务实的治学态度，我为她的人格魅力而折服。

在我的感觉里，同为大师，陈教授是严谨的，朱教授是激情的，林培英教授则是沉稳优雅的。在她身上，我感受到海的广阔与宽容。点评课例时，林教授往往会抓住我们未能关注的细节，她的话语是那样的柔和却又恰到好处，让人听起来似不经意却又蕴含深意，并在有意无意之中，给我们留下更多的思考空间，如"是从教育的角度上地理课，还是从地理的角度上教育课"等。林教授在讲解的过程中，也给我们预留了不少这样的问题，她建议我们去进行这方面的小课题研究。对于这些问题，我想林老师肯定是有她自己的观点的，但是她并没有将她的观点直接灌输给我们，而是以探寻的语气，与我们共同探讨，正如她所说的"地理教学中，不能给学生讲得太绝对，有些内容，开放些"。这是一种思维方式，因为很多问题在不同的情境下，会因需求不同而有所变化。

感谢林教授，在她身上，我看到了大师的风采，她是那样的静雅、谦虚与真诚。

很久以来，我一直信奉只要外出便有收获的信条。三天时间不长，我却收获颇多。为了去抢占一个有利的学习位置，我与同宿舍的邵老师每天都会提前一个小时去会场，一坐就是四五个小时；对于一些有歧义的观点，我们利用一切课余时间争论，甚至争得面红耳赤……有多少年没有这种感觉了，我们学习着，并时时刻刻为有所收获而发自内心地喜悦着。

真的感谢山东省教育厅为我们提供了这次培训的机会。我从几位教授的身上，看到了他们奉教育为事业，对待工作有心与用心的态度和精神。我想，除去理论知识的提升，这有心用心的态度才是我最大的收获吧！我相信，只要有心用心，我们一定会不辜负山东省教育厅的期望，承担好担任2012年远程研修指导教师的责任。

仰望星空，放飞梦想

——日照市兼职教研员培训有感

写下上面的题目，我忽然就记起陈雨亭博士最后留给我们的这句话。因为"放飞梦想"这四个字，我忐忑不安起来。如果今后我仅仅仰望星空，那么我所有的梦想，即便放飞，终也无法开出璀璨的花，所以我要让行动成为梦想的翅膀，让梦想成真。

2015年7月14日到15日，我有幸参加了日照市兼职教研员培训学习。在为期两天的学习过程中，我分别听取了吴刚平教授《基于课程标准的教学与评价设计》、陈雨亭博士《提高参与度培养思维能力》的讲座，以及李清季主任《课程与课堂》和张传若局长《关于基础教育综合改革》的报告。四位专家的报告深入浅出，精彩纷呈，让我受益匪浅。

首先来说一下吴教授的讲座。吴教授的讲座理论性强，如果不认真听讲的话，很难跟上他的节奏。还好，自始至终，我一直很专心，从而收获很大。如在关于如何通过分解课程标准来备一门课的讲解中，吴教授对于碎片化学习与整体学习的观点，解决了我在以往教学中遇到的一些困惑。实际上，"碎片""整体"的观点，跟后面张局长给我们讲的系统原理，道理应该是一样的，也就是说，我们对于课程的研究应该透彻、系统，备课时，教师要有一个整体的设计，从点到面，逐个铺开。

再如，在提到教学目标四要素时，吴教授特别强调教学目标要以学生为主体，要注意转化的问题。反思我平日的教学，虽然也天天说着"以学生为主体"，但在无意之中还依然错误地直接"呈现"教学目标，而不是"明确"

目标，未能注重目标用语的转化。或许就是这无意间的错误，让学生难以感受到他们自主的权利。

吴教授对学情基础的讲述，也引起了我的共鸣。我一直认为，一个好的教师一定要了解他的每一个学生，即我们常说的"备学生"。因为只有了解学生的成长环境，才能更好地理解学生，从学生的角度知他所需，从而做到因材施教。

如果说吴教授的讲课科学条理，为我解答了诸多理论上的困惑，那么陈雨亭博士的课就是真诚而自然，将我带到了一个充满智慧与梦想的全新领域。

陈博士以她的卓越高中联盟的实践为例，为我们讲述了他们课程改革的历程。所有的改革，虽然步步艰难，但依然坚持推进，就像她的人生经历一样。从高考落榜到复读到就业，到读研读博，她一步一步实现了自己从丑小鸭蜕变成为白天鹅的梦想。

或许，我们的改革正如人生一样，像是一场马拉松。不管你的起点高低，不管你在路上经历了怎样的跌宕起伏，只要一直跑下去，就会成功。我们需要的就是坚持，坚持，再坚持的信心和毅力。

陈博士与吴教授都特别强调学科思维的重要性。陈博士提出的三个问题，引人思考。在"如何更能体现学科精神"这个问题里，她提到的临沂第二十中学那位上官老师的做法，引起了我极大的关注。事实上，上官老师的五种教学方式，我也都曾实施过，如在地图的专项学习中，我曾用数个星期，将七八年级所有需要学生掌握的地图归纳整理下来，绘制在我们学校地理园地的墙面上；我也曾尝试以学案的形式，用分小组换位教学的方式，让学生独立学习教材；我还曾构想带领学生走进自然，去真正辨认地表的各种形态……但可惜的是，我曾做过的所有努力就像碎片，缺少系统的整合，而我本人就像个"理论家"，打一枪，就息鼓，始终未将理论付诸实践。

讲座进行到尾声的时候，孙老师的一个关于"自由"的问题，引发了陈博士的感慨。怎样才能自由？陈博士说："当你在你的学科领域达到一定的高度时，便会获得自由。"但自由是相对的，诸如她，你看到她一周只需要上两天班，却不知道她为了准备一篇论文，深夜零点的努力……

陈博士在讲她对于自由的理解的时候，我听到下面的窃窃私语，而我面对博士的回答，却有种说不出的谦卑。我知道博士说的是发自内心的感触，因为她比谁都深知"如果没有行动，所有的言语都是噪声"的真谛。的确，正是因为没有行动，我们这些自作聪明的人只能永远坐在下面，听一群曾经被认为是"愚笨"的人的训导……

同样是讲解课程，李清季主任的讲解要通俗易懂得多，也更贴近我们的实际。李主任对我市的教育现状非常了解，当他讲到我们这些学校的综合实践课程形同虚设时，我特别震惊，不禁在下面暗暗流汗。想当年，我在制定课程表的时候，曾经也犯过这样的错误，好在多年前我就放弃了这种做法，但这种情况似乎至今仍在某些学校存在着。我想真该给我们各个学校的教导主任们上上这方面的课了，因为李主任提到的那些语文兼带实践等问题，在各个学校中依然是常态。如果我们不改正，课改不知何时才能真正落实。毕竟，没有行动，一切言语都是噪声。

记忆中，我这是第三次听张局长讲话了，每一次的感觉都不相同，但每一次都让我有种崇拜的感觉。

他滔滔不绝、挥洒自如的讲解，让我应接不暇。我不仅叹服他的敏锐，叹服他渊博的知识，还敬佩他谈笑中自有乾坤。与以往听讲话时大家纷纷低头奋笔疾书不同，整个会场的听众全都仰起头，不时爆发出一阵会心的笑声。这或许就是人格魅力吧，他抓住了所有听众的心，而这，或许是讲课的一种更高境界！

张局长解读了我市基础教育综合改革的现状以及未来几年的目标，为我们勾画了课程改革的蓝图。在讲到区域平衡问题时，张局长讲到莒县、五莲县与市区的差距，他笑说："你们市区是怎么将学生教得能考那么多分的呢？"这句话引起听众们的一阵笑声。

关于学校差异，今年我去乡镇支教了一年，对此深有感触。我认为这种差异，在领导，在教师，但更在学生，在学生的家庭环境。想要缩小这种差异，并非仅靠改变师资就能实现,更需要从源头抓起,而这不是我们学校能改变的。所以,我们应该从课程改革着手,寻求一种适合自己学校实际的改革。我们需要一批敢于尝试改革的领导和教师,我们期待,也希望自己能够置身其中,成为推动改革的一员。

让我们仰望星空,放飞我们的梦想,将行动化作梦想的翅膀,让梦想成真!

为未来而教

——暑假教研员培训有感

如果没有行动，所有的言语都是噪声。

——题记

一、不得不说的困惑

请允许我借用陈雨亭博士讲座的结束语作为我此次培训心得的开篇。又是一个炎热的夏天，此时的我，正在日照市某医院里的病床前，陪母亲挂吊瓶。狭窄的病房内，足足聚集了十多个人，除了母亲只有我一人陪床外，其他三张病床前，或多或少都围着三四个人。进进出出的人们、陪床者的谈话声、空调的轰隆声，让病房显得拥挤而嘈杂……

这种状况已经持续四天了，对于我而言，也已经到了一个极限。本来计划等母亲出院后再写这篇感受，但那样的话估计会错过时间，于是只好在这地方拿出笔，一边写字，一边关注母亲输液的进度。除了这两件事，其他的嘈杂都成了背景。

而这，也算是对"如果没有行动，所有的言语都是噪声"最好的诠释吧。这似乎与本次培训没有多大的关系，但是这几天的陪床，以及这些年陪伴姐姐在各级医院里就诊的经历，让我感受到这又与教育有共通之处。

第一，各级医院对陪护人员的管理不同。北京以及部分省级医院，对陪床人员要求十分规范。如301医院（中国人民解放军总医院），除非是年老或病重人员才允许陪床，家属看望时间也有严格规定。严格的管理，让医院始终保持在一种肃静的环境中，而不像我们这里的医院一样形同市场。

第二，陪护人员的素质差异极大。如 301 医院是不允许陪护人员上空床休息的，但在地方医院，有些陪护人员对此根本熟视无睹，抽空就爬别人的病床，甚至连鞋都不脱！医院要求看护者不得在病房内大声喧哗，不得随便倾倒垃圾等，但这些行为在我们医院却屡见不鲜……

第三，形形色色的病号，有着不同的情形。有家庭和美的，但多的是子女不孝，因病夫妻分离的……

有时候，我常想，怎么医院像极了我们的学校？无论你如何强调，总有部分不道德者不遵守规则。

我们自己也是。看会场上那些埋头手机的"低头族"和一些空空的座位，我们又有何颜面去说教我们的学生？

二、多方收获

书归正传。

2016 年 7 月 16 日到 17 日，在日照师范学校为期一天半的培训中，我分别听取了许爱红、张可柱、陈雨亭三位博士专家的讲课，应该说，感触很深。

16 日上午是许博士《研究：一种高水平的工作》的报告。许博士结合实例，围绕一线教师怎么搞研究讲起，讲得通俗易懂。因为前期我也曾有过研究课题的经历，所以对许博士的讲课深有体会。我听得非常认真，并结合自己的经历，从许博士的讲课中找寻自己的问题，收获颇多。

如，许博士讲，课题研究是一个环环相扣的逻辑严密的过程，是一项"系统工程"。记得我第一次搞课题研究的时候，就曾抛离这一原则，研究着研究着就跑题了，以至于到最后只能申请"改题"。

许博士的讲授让我对参考文献有了新的认识。以前，我在研究课题之前，是很少去大量翻阅文献的，在研究的过程中遇到问题才会临时翻阅。这样其实只是为了研究而研究，不能真正把握课题研究方向，准备不足，也会导致课题脱离实际。

16 日下午，是张所长的讲座《从三维目标到核心素养》。乍一看题目，有点"高大上"，不过张所长的讲话特别风趣，他用浅显易懂的语言，给我们讲解了从三维目标到核心素养发展的历史演变过程。非常专业的知识，在他讲来却别有一番趣味。特别是张所长对目标的解释——对于目标，不要分割，只需真实，让我豁然开朗。

另外值得一提的，是张所长特别平易近人。他在讲授之前，给我们描述了山东省教育科学研究院的结构和成员组成。他平白的描述，像一篇叙事散文，为我们勾勒出一个个生动的人物形象，拉近了所长博士与我们的距离。在他的讲述中，省科院就如我们自己的单位一样，有一群有血有肉的人物。我们听得津津有味，不时发出会心的笑声。

每一场报告都很精彩，让我们收获颇丰。

三、为未来而教

以前就曾听过陈雨亭教授的课，对陈教授的成长经历也算略有了解。对于陈教授，我更多的是敬佩。从陈教授的身上，我最能体会到的就是"人生之路，就如长跑，不在于你跑得多快、起点在哪里，而在于你是否始终都在坚持"。

这也是我在课堂上经常给学生灌输的一种理念。我想，陈教授本身就是值得我们学习的一个典例。

当然，陈教授的讲座更精彩。我欣赏她"为素养而教"的观念，这也是我为这篇心得题名为"为未来而教"的原因。

为未来而教。我们的教育，除了教给孩子要具有科学的发展观，要有创新思维，更重要的是要教育孩子爱家、爱国、爱社会，具有奉献精神！一个人的品质，应该与知识同步。

关于素养，这几年我听过几个讲座，也特意去读过几本关于自己学科的素养理论的书。我认为所谓的培养素养，回归本质，就是培养学生具备适合自身成长和社会发展需要的能力和品质。对于地理教学而言，就是教学要为学生成长和立足社会而服务。回归到课标，就是要教学生对生活有用的地理、对终身发展有用的地理。培养学生从地理的视角去关注自然和社会，从而形成人地协调与可持续发展的观念。

培养学生的地理素养，落实在课堂教学上，就是需要构建一个开放的课堂。要注重培养学生的创新和实践能力，重视校内外课程资源的开发利用，着力拓宽学习空间，倡导多样的地理学习方式，鼓励学生自主学习、合作交流、积极探究。

在讲座中，对于如何确定清晰明确的教学目标，陈教授做了非常详细可行的讲解。如，教师应该从教的立场出发，使用五步确定课时目标法等。特别是五步确定课时目标法，清晰明了，将复杂问题简单化、程序化，而且具有可操作性，让人耳目一新、豁然开朗。

对于教学流程的设计，陈教授讲得深入浅出、切合实际。在讲解关于设计符合学科特点的学习过程与工具时，陈教授反复提到要利用康奈尔笔记法，这让我很受启发：在我们区下学期地理学科的学习中，我是否可以为初中地理教材设计一整套的康奈尔笔记？不同于学案的"烦琐"，而是力求实用。这想法一经产生，我就立马记在我的笔记里，因为就如陈教授的结束语一样："如果没有行动，所有的言语都是噪声。"我希望我能做到。

无论怎样教学，作为教育者，我们最终的目的就是教好我们的学生，让他们成为国家的栋梁。而对于栋梁，我想，并非只指那些高级知识分子，国家的强盛，是全社会、全中国人民的事。所以，我们希望经过我们教育的学生，都能够成长为一个真正对社会有用的人，每个人的心中都有一杆真善美的秤，这样才能让我们的社会真正和谐、美丽。

所以，让我们为未来而教。

第二篇

做研学实践的开拓者

行走的课堂

第一章
研家乡之美，以执着绘就山海茶韵

基于提升学生核心素养的乡土研学案例探究

——以日照市岚山区多岛海研学为例

作为义务教育阶段新兴的一门必修课程，研学不同于以往的分科实践教学，其学科综合的范畴非常宽广，需要各学科教学和教研力量共同协作。研学突破课堂教学及分科教学的局限，实现多学科融合，以实践检验理论，在全面培养学生各学科核心素养的同时，培育人文底蕴、科学精神、责任担当、创新思维、健康生活等学生发展的核心素养，从而落实教育立德树人的根本任务。

但受传统观念影响，部分农村及乡镇学校大多只认可学生成绩，对于拿出专门时间外出研学的行为很难认可，甚至会排斥。上级主管部门为防止安全事故的发生，更是三令五申，严禁学校组织学生外出活动。如何改变这种观念，将研与学结合起来，从而获得社会和家长的认可，是我们首先要攻克的难题。

为了彻底解决这个难题，我们将乡土研学的内容与中考知识点结合，改变家长"研学就是旅游"的错误观念。将基地研学与课标对接，进行知识链接，通过精挑研学基地、精选学习内容，实现研与学的统一。

如去日照市岚山区巨峰镇北方绿茶基地研学，我们就与初中地理课程中因地制宜发展农业、生物课程中繁殖章节的知识点进行对接。精编一些达标训练习题，不仅包括专业知识，还包括外出研学必须掌握的安全及环保知识，并对学生进行达标训练，根据学生达标情况分批次带领学生出去。通过实地研学，促进学生对课程知识的掌握，在研学与升学有效结合的同时，提升学生的综合实践能力，从而提升社会认可度。

乡土研学的内容很多，活动方式也多种多样，有山爬山，有海下海，因地制宜。在日照岚山巨峰，我们还可以品茶、农耕、远足，培养学生的实践能力，提升他们的综合素养。

在岚山区城区，岚山头、虎山、安东卫地区近海的学校，可以组织学生沿海岸线走一走。岚山区海岸线全长 25 公里，风光各异。如虎山松虎湾部分，北起顺风阳光海洋牧场，南到东潘渔港，政府投资 7 个亿，在这里进行新建护岸、岸线修复、沙滩回填等，实现退渔还海。在远足的过程中，可以联系农业的因地制宜以及生态环境建设等知识点进行链接拓展，采用亲身感受体验的方式，使学生了解我们周围的生活环境，引导学生培养人地和谐和可持续发展的观念，并在研学中了解家乡历史文化及自然风光，增强爱国爱家的情感。

自 2019 年 4 月在日照市地理研讨会上作了《"山海相依美，茶韵栗香情"——基于岚山区自然人文地理资源主题式研学旅行构想》报告发言之后，我与我的同事一起行走在岚山的山水之间，从海到山到农田，历经一年时间，完成了一个又一个成功案例，将构想变成现实。

其中，《波涌千年石，山海画廊情——岚山多岛海研学 + 远足课堂方案》是我们乡土研学的第一个案例。下面就以此为例，简述我们是如何依托乡土资源开展乡土研学的。

一、选择研学基地

岚山山海相依，人文和自然资源都非常丰富，可供选择的基地很多，有"人间仙境"磴山、日照绿茶基地——百里绿茶长廊、佛家胜地阿掖山、孔子东游圣公庙……我们最终选择了多岛海研学基地作为我校乡土研学旅行课程开展的第一站。

多岛海风景区就位于我们学校——岚山区实验中学南侧不足五公里处，是国家3A级旅游景区。该景区具有我国唯一的海上摩崖石刻，和国内不可多见的南向临海海岸线。景区规划设计以水为灵魂，以岛为载体，环水为岛，多岛连海，形成多层次的滨水景观。

这里自然环境优美宜人，空气湿润清新，沙滩宽阔洁净，海水清澈透明，阳光明媚灿烂，是最能代表岚山"蓝天、碧海、金沙滩"特色的景区。虽然我们学校大多数孩子都去过多岛海，但他们对多岛海的一些自然、人文知识却并不了解。我们选择此基地作为研学旅行第一站的原因，其一就是方便，因为近，省去了交通需要的费用，还可以开展远足活动，锻炼学生的意志力；其二，多岛海风景区包括湿地公园、航模飞机场、基岩海岸、沙质海滩、渔船码头等，可学习的内容很多，知识综合性强，非常适合多学科联合教学，如果开展得当，完全可以达成研学的主题目标，从而全面落实教育立德树人的根本任务。

二、制定研学流程

确定了研学基地，接下来的工作就是制定研学流程，为下一步研学的具体实施做好准备。

第一步，选择研学路线，提前走线，反复论证。确定研学具体路线，考虑到每一个点可能存在的安全隐患，以及每个研学点上的知识链接。

第二步，发放调查问卷，征求家长及教师意见，根据反馈，反复修改研学流程。通过家委会确定参与研学的人员（原则上全部参加，因身体原因可以申请不参加），同时从家长中征集志愿者。

第三步，组织编写研学旅行达标测试题，对学生进行知识普及及安全培训并检测。根据参与研学的学生、教师及家长情况，进行科学分组分工。

第四步，组织编写研学手册，进行研学方案的编写及认证。

第五步，研学过程实施。在实施过程中，根据实际需要及时调整内容，注意突发性问题的处理。沿途学生发现的新问题，要注意收集，及时讲解、总结。

第六步，活动结束后，收集反馈意见，重新完善研学方案。

第七步，汇总展示成果。

三、研学手册编写注意事项

好的研学旅行从好的研学手册开始。研学手册可为学生开展研究性学习提供方向性指导，又可以提供必要的基础性材料和各种温馨提示、应急情况的解决方案等，同时还可以成为记录孩子成长足迹的别具特色的纪念品。研学手册包括行前准备与设计（课题设想、课题预计成果）、每天要记录的内容（课题进展情况、当天发生的主要事件、今日景观、整体评述等）以及个人感想，可以说从研学旅行开始到结束，研学手册贯穿始终。

为了编写研学手册，我们前后准备了近一个月，反复走线，不断修改，最终才成稿。

我们的研学手册主要包括以下几个方面。

（一）知识储备

知识储备包含两部分内容，一部分是对研学基地考察目标的知识进行链接，另一部分是对研学课程中涉及的课标内容进行链接。

（二）安全与纪律

本次研学制定的安全应急预案，尽可能地包括我们能想到的所有安全问题及解决方案，同时通过手册对学生进行安全知识教育，并在后面附上学生、家长及教师的安全承诺书。

（三）研学团队分工

分工任务具体到每一位参与活动的教师，注明每位教师的联系电话。

（四）研学路线及时间安排

写清研学的具体地点以及每个地点的集合时间。

（五）研学主题内容

主题内容的设计是研学手册编写中的难点，涉及研学的主要内容及需要实现的目标。当然，在大的主题内容下，还需根据实际情况细分出许多小的主题内容。如在湿地公园，我们会设计让学生测量海拔、手绘地图的活动；在多岛海，我们设计了让学生踏浪、挖蛤蜊、比赛跑步等活动，以此来锻炼学生，提升他们的实践能力。

（六）学生自身评定及基础分析

根据研学前知识检测情况和学生平时表现，班主任和任课教师对学生进行评价，学生也进行自我评价，带队教师根据上述评价，初步了解本组学生，从而在研学过程中有针对性地关注和指导学生。同时根据学生的实际表现，做实践过程性评价。

（七）物资准备

召开小组会议，由学生自己讨论，教师进行补充，罗列研学所需物资，并进行准备。

（八）研学成果展示

展示形式相对灵活，可以是照片，也可以是研学感受。

（九）研学评价

主要从时间观念、学习专注度、纪律意识、文明礼仪、团队意识等方面进行评价，评价分为自评、小组评、带队教师评三个部分。

（十）研学总结

反思本次研学有哪些收获、存在什么问题及如何整改等，要求参与教师与学生一起写总结。

作为一门新的实践课程，研学旅行对学生核心素养的培养起着至关重要的作用，是其他课程无法替代的。但研学旅行的实施又最具有差异性，如受现实条件制约，农村地区异地研学很难开展，乡土研学更切合实际。所以，更多时候，我们要从深挖地方研学资源这方面入手，从不同的角度尽可能地创设开放的课堂，充分利用本地资源，让学生完成研学旅行需要达成的目标。

（本文于 2020 年 9 月发表于《山东教育》）

农村及乡镇中学开展研学旅行实践活动存在的问题、困难、原因及对策分析

2016年，教育部等11部门印发了《关于推进中小学生研学旅行的意见》，对中小学生研学旅行实践活动工作提出了明确要求，将研学旅行实践活动纳入中小学教育教学计划，要求各地采取有力措施，推动研学旅行实践活动健康快速发展，为研学旅行实践活动指明了方向。为了推进研学旅行实践活动的开展，各级教育部门也高度重视这项工作的开展和落实情况，并将学校研学旅行实践活动的开展情况，作为学校年度考核的重要内容。

作为义务教育阶段的必修课程，研学旅行实践活动通过引领学生走进自然、社会，引导学生感知鲜活的生活，感悟人生，在现场体验中获得知识和技能。这对培育学生核心素养，增强其"爱家、爱国、爱世界"的正确人生观，有着其他任何学科无法替代的作用。但受各种外在因素的影响，很多农村及乡镇中学对这门课的开展并不热情，甚至在一些学校，这门课程根本就是形同虚设。

目前的状况，就是部分农村及乡镇学校开展的研学旅行实践活动，只是在不同节日里，带着挑选出来的几个孩子走走社区，逛逛博物馆，扫扫墓，拍拍照，淋淋雨而已，美其名曰"研学旅行实践活动"，却不能让每一个孩子都能享受到研学实践的过程，这根本就不是真正意义上的研学。

究其原因，有以下四个。

第一，安全问题。在安全至上的原则下，无论是上级教育部门，还是学校干部，都不敢也很难去组织大规模的实践活动。为防止发生安全事故，各级部门三令五申，严禁学校组织学生外出活动，对于外出活动的审批也很是

苛刻。

在这种形势下，很多学校大都靠闭门造车的方式，来完成教育部下达的开展综合实践活动课的要求。这说起来很无奈，但也是现实。

但从教育的角度来说，作为教师，教书育人是职责，不能因为怕麻烦、怕担责任，就将有利于学生发展的这扇大门关闭。为了孩子的长远发展，我们应该迎难而上，为学生保驾护航。

第二，受传统观念影响，部分农村及乡镇学校只关注学生成绩，对于拿出专门时间进行研学旅行实践活动的行为很难认可。如何改变这种观念，将研与学结合起来，从而获得社会和家长的认可，也是我们面临的难题。

第三，缺乏科学的研学旅行实践活动课程及课程标准。研学旅行实践活动课程是国家课程校本化实施的一种课程组织形态，是学校实践课程的重要组成部分。每个学校、每个地方的环境不同、条件不同，课程资源也不同，研学旅行实践活动课程的内容也应该不同。

研学旅行实践活动课程需要进行本土化开发，需要因地制宜地根据本地区经济社会发展情况、本学校的实际情况和学生具体情况进行开发。部分农村及乡镇中学对这门课程缺乏科学认识，又没有能力组织教师编写符合本地区特色的校本课程，导致学校没有自己的研学旅行实践课程，所开展的实践活动根本不是研学，只是参观或者旅游，失去了研学本身的意义，对于学生发展作用不大，更加剧了家长对研学旅行实践活动的排斥。

只有有了课程及课程标准，有本可依，我们才能够带领学生走出去，科学开展研学旅行实践活动。

第四，研学旅行实践活动经费不足。特别是农村中学，学生家庭状况相对薄弱，家长自身又对研学旅行实践活动认识不到位，对学生研学旅行实践活动所产生的费用不接受更不支持。对于研学旅行实践活动额外产生的费用，学校也无力全部承担。

那么，如何解决以上问题呢？

我认为首要的一点，就是以制度的方式来规范研学。我们既然将研学旅行定位为义务教育阶段的一门必修课程，就必须要有教材，至少要以区、县为单位编写校本教材，能够体现区域特色。有了教材，还要有考核体系，以此来规范管理研学实践课程。同时，还要加强对学校研学旅行实践活动的过程性验收，从上到下，用政策引导，用制度管理，才能让研学旅行实践活动得以顺利全面开展。

如果我们总是从下而上地去开展研学，那么研学将很难成为我们理想中的研学。

第二点，就是要让全社会积极参与到我们的研学活动中来。首先，一定要做好前期的宣传工作，可以采用循序渐进的工作模式，先让部分思想先进的家长参与进来，让他们亲自领会研学的意义，真正体验到"研中学，学中研"的乐趣，让他们每一个人都成为研学旅行课程开展的拥护者和宣传者。这样一带十，十带百，如此铺开，说"好"的人多了，研学活动便能普及开来。

2018年以来，我先后参与了四届山东省地理研学旅行项目会，并且参与了山东省地理研学教材的编写工作。在我校成功举办了四期研学旅行实践活动，都取得了较好的效果。

2020年11月，在磴山研学课程的开发过程中，我们就多次邀请家长参与其中。事实上，家长宣传的效果，的确要远远好于我们自己宣传的效果。

第三点，就是课程的开发及选择要规范。中小学研学旅行实践活动课程与其他基础学科不同，地域差异性大。研学旅行实践活动倡导小学以市情为主，初中以市情、省情为主，高中以省情、国情为主，对此，应该建立相对应的课程体系。

所以，一个省区、市区，最好要有自己的研学课程，根据课程需要开展研学，这样才规范，不至于将"研学旅行"变成"集体旅游"，导致学生在其中收获甚微。

作为日照市岚山区唯一一所区级中学，我们自觉承担了全区初中阶段研学旅行实践活动课程的开发任务。2020年12月，我们成功申报了山东省"护航计划"研学旅行实践活动项目校；2021年3月，学校"护航计划"项目组提出了基于岚山区自然人文地理资源的主题式研学旅行实践活动课程的开发，选取官草汪村、百里绿茶长廊、多岛海、阿掖山、磴山作为研学基地，开发相应的研学主题。学生根据需求自由选择，从不同角度，探寻"岚山味道"背后的文化，培养学生的爱国爱家情怀和热爱自然、科学探索的精神。

第四点，就是学生能全员参加研学旅行实践活动。教育部明确提出，中小学研学旅行应当面向全体学生，坚持学生全员参与的原则，并通过整年级、整班级集体行动的方式进行。既然这样，那么义务教育阶段研学旅行产生的正当合理费用，政府就应该有相关的保障措施（对于超出规定范围内的研学费用，自然应当由学生自行承担）。我们希望，有一天，研学旅行实践活动也能得到政府的大力支持，那一天，行走的课堂将为我们的孩子展开瑰丽的画卷！

总之，研学让我们体验了一种从未有过的全新的教育方式，让我们从封闭的课堂中走出，去重新思考教育的意义，这是一种创新，亦是一种回归，回归到教育最真实的状态。我始终记得，在参加山东省研学旅行专题会议时，山东省教育科学研究院地理教研员甄鸿启老师最常说的那句话："不是我们过于执着，而是因为你值得。"最初的时候，我将这句话当作一句诗来领悟，但后来，在一次次跟随甄老师做研学课程开发工作的过程中，我深深地体会到了研学旅行实践活动的意义及开展的困难，好在我们从来没有因为困难而放弃。

因为我们深刻地认识到，只有研学旅行实践活动这门课程能够真正打破目前我们相对封闭的学校教育活动对学生成长的限制，所以教育部再三强调，研学旅行是落实立德树人根本任务的重要举措，是提高教育质量的重要途径，也是加强学生德育培育和践行社会主义核心价值观的重要载体。我们培养的学生，应该是有崇高境界且富有社会责任感和时代精神的人，应该是长在阳光下，能够承受外界风雨的大树，而不是温室里的弱苗！

我们一定要加强对研学旅行实践活动课程的开发与研究，积极思考研学旅行实践活动中的常见问题及解决策略，推动研学旅行实践活动课程健康发展, 培养出更多高素质创新人才。让研学旅行实践活动课程, 不分城市和农村, 在中国大地上遍地开花结果。

注解:

　　"岚山味道"是山东省日照市岚山区文化和旅游局依托岚山丰富的自然资源, 深入挖掘、整合岚山"山、海、茶"三大特色, 聚力打造的文化品牌, 为岚山区青少年实践课程的开展提供了广阔的空间。

　　山: 阿掖山以"临海雾气常昏如夜"而得名, 自古就有"叠嶂矗霄真如画, 天成景色即蓬瀛"的美称。磴山集海、山、林于一体, 怪石嶙峋, 草木葱茏, 有"江北小九寨"之美誉, 是学生亲近自然、了解山体生态的最佳选择。

　　海: 官草汪村是"岚山味道"的突出代表, 是百姓记忆中的渔村古寨。岚山人世世代代在这里耕海牧渔, 祖祖辈辈在这里繁衍生息。品岚山海味, 寻先人足迹, 听码头汽笛的鸣声……寻根, 从这里开始。多岛海风景区地处鲁南苏北, 海州湾畔, 依山傍海, 是国内不可多得的南向临海海岸线之一, 是学生了解湿地、海岸构造, 进行团建活动的最佳场地。

　　茶: 绿茶百里, 人间天堂。位于山东省日照市岚山区巨峰镇的百里绿茶长廊, 是集生态观光、茶文化体验、茶叶贸易、乡村度假、美食娱乐为一体的特色茶文化研学基地。

研学课程主题选题标准之我见

近年来，研学旅行实践活动课成为学校实践教育的重要组成部分。作为研究性学习和实践性体验相结合的一门新兴学科，无论是从课程整合、软化学科边界还是从学校课程空间拓展的角度上看，研学旅行实践活动课对于提升学生学科综合素养，促进学生全面发展，都有着传统学科不可替代的作用。

学校开设研学旅行实践活动课程的目的，就是在丰富校园文化的同时，助推人与自然社会和谐发展，全面提升学生核心素养，培育学生家国情怀，提升学生生活质量，落实立德树人的育人目标。

而研学课程目标的实现，最终将落实在课程主题的实施上。这就要求课程主题的选题可行、科学、综合、有效。

一、主题选题要具有区域性

研学旅行的范围不再局限于地方，还可以通过开展异地研学，突破地域限制，拓展地方课程和校本课程视野。但无论是开展本地研学还是异地研学，都是为了让学生了解该区域的自然、人文特点，阐明该区域的地理概况、历史文化、发展差异及区际联系，所选的主题，都应该是最能反映该区域特点的不可替代的内容。

如去江西研学，井冈山文化就是最典型的研学主题；再如去北京研学，研学主题就应该围绕北京的城市职能展开，通过多种多样的活动设计，帮助学生从不同角度全方位了解作为首都、文化中心和国际交往中心城市的北京，而不应该仅去参观几个旅游景点就匆匆了事。要挖掘城市的内涵，让学生在研学过程中全方位地感受城市文化。

二、主题选题要具有可行性

再完美的主题，如果无法实施，或者说实施的难度大于它的价值，那它就如空中楼阁，失去了存在的意义。

研学旅行作为一门新的实践课程，是中小学各个学段课程方案中的必修课程。研学旅行对学生核心素养的培养起着至关重要的作用，是其他课程无法替代的。但研学旅行的实施又最具有差异性，如城市与乡村的差异，地区与地区的差别，学生与学生的差异，教师与教师的差异等。无论哪一种差异，都会影响研学主题的可行性，这就要求我们因地制宜，确定可行的主题。

比如，我们想通过研学，让孩子欣赏祖国的大好河山，感受自然之美，那就可以组织学生集体观看纪录片《美丽中国》（这应该属于一种另类的研学）；或者走出教室，带领学生看家乡四季的风景变换，从熟悉中寻找潜藏的美丽；抑或是让学生养一株花草，看它荣枯，感受生命的轮回。只要你用心，处处皆是主题资源。

很多时候，我们需要"高大上"，但更多时候，我们需要的是脚踏实地。再好的构想，都不如行动。可行，是研学主题选择的必需条件。

三、主题选题要符合学生的认知基础

不同年龄、不同学段的学生，生理、心理发育和知识储备等方面皆有很大不同，学生通过研学旅行课程培养价值认同、责任担当的意识和能力也有差别。所以，选题只有符合学生的认知基础，研学才能起到事半功倍的作用。如初中阶段，研学主题的选择应以初中阶段各学科知识为背景，允许适当扩展，但扩展亦要有度。

研学主题的选择标准，应该从参与者的角度去体验衡量。选择的主题，要能够被学生接受，且能触动其内心，对生活有用，对发展有用。

四、主题的选择，要以教师的知识储备水平为依据

选择研学主题时，除了要考虑研学的主体——学生，还要考虑参与研学

的教师的知识背景。充分发挥教师的潜力，就如充分调动学生的积极性一样重要，二者交融，才能互相助力。

所以，参与研学的教师的知识储备，也是主题选择的一项标准，它同样会关系到研学主题能否顺利完成。我们在选择研学主题时，要考虑到开展这项主题需要用到的教师的实际情况。根据教师情况，来确定选题的综合程度和活动开展的方式，可以少做或者不做无用功。

附：研学校本课程

山风海韵，茶香画廊——活力日照

序

依托乡土资源开展的研学旅行，旨在通过研学，构建开放的地理课堂，帮助学生认识周围的生活环境，了解乡情、市情、省情和国情，开阔学生眼界，增强家国情怀；引导学生在活动中主动参与、学以致用，培养学生实践能力，提升学生核心素养。

本着这个目标，结合日照的旅游主题"有一种生活叫作日照"，我们对课程中日照篇的研学驿站进行了精心挑选。

"来日照玩，必来万平口。"作为日照的第一张城市名片，万平口海滨风景区相较于日照近几年发展起来的其他旅游景点而言，是最具有代表性的。对此，我们曾做过一份调查问卷，问我们的教师、家长和孩子所到过的日照景区有哪些。我们发现，几乎百分之百的人都到过万平口。所以，我们选择了万平口作为研学日照的第一站。

我们希望孩子们能通过研学，去重新审视这个似乎已经十分熟悉的景区，真正地走进万平口，了解万平口的由来，知晓景区的发展，探究日照这座小城的历史，从研学的角度来感受海的魅力。

"日照绿茶"是日照的另一张名片，但很少有外人知道，日照绿茶最大的产地就在日照市岚山区的巨峰镇。巨峰镇有着"北方绿茶之乡"的美誉，近年来，政府投资巨大，兴建了百里绿茶长廊、小茶山旅游综合体、薄家口茶叶交易市场……大力打造茶香文化，做大做强茶产业。

而今的巨峰，新农村建设成效显著。巨峰很美，美在青山环绕、茶园遍野，但我们通过调查问卷发现，即便是巨峰的孩子，都很少进过茶园。农村学校研学旅行的开展本身就难，异地研学的可能性更是微乎其微，所以我们就计划将茶叶研学作为乡土研学的一个案例模板来开发，充分利用身边的资源，为农村中学开展研学旅行走出一条新的路来，让农村孩子拥抱田野，让城市孩子也走进田野，感受自然之美，体验劳动的快乐。

一海，一茶，成就日照。"掬一盏绿茶，岁月静好；采一朵浪花，澎湃春潮。"我们希望本课程用海的活力激情、茶的浪漫醇香，将那种叫作日照的生活体现出来。

导　语

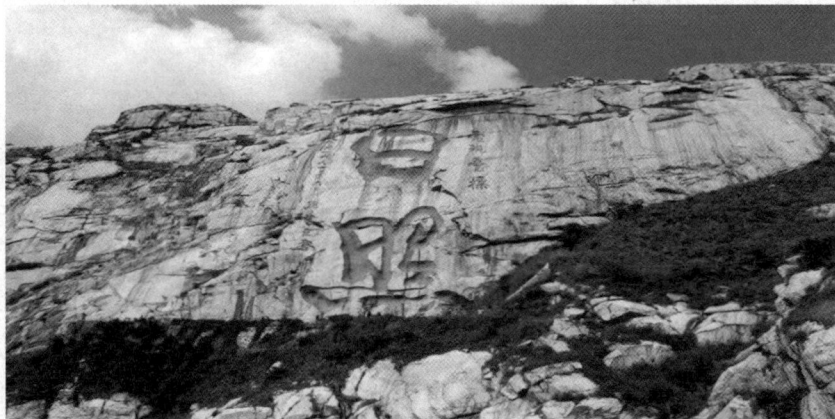

日照，因"日出，初光先照"而得名，因蓝天、碧海、金沙滩的宜人风光而享誉世界。这座美丽的海滨小城，空气清新，生态宜人，2009 年获"联合国人居奖"，从而将一种生活，署名"日照"。

海让它有了灵魂。60多公里的海岸线上，左岸大海，右岸花开；远山近海，烟波浩渺。

运动让它充满活力。万顷碧波，千帆竞发，百舸争流，"水运之都"就如初升的朝阳，灿烂张扬。

而日照绿茶的芬芳幽香，更是让这种叫作日照的生活，充满了诗情画意……

研学日照，去享受一种叫作日照的生活。

欣赏万平口潟湖的美丽风光，体验水上运动的快乐；走进万亩绿茶长廊，做一日茶农，品绿茶芳香。

一、研学导航

只有将研学旅行课程化，才能保证其在中小学中成为一种常态课程，能够进行常态化开展并对其进行常规检查。要对参与研学旅行活动的师生进行常态化考评，不断优化与改进研学旅行活动。一方面，通过对研学旅行进行监督与考评，保证研学旅行的质量；另一方面，通过考评，减少研学旅行的误区，减少安全隐患，这样该课程才能不断进行调整，才能与时俱进，在保留优良研学旅行活动的同时，开发更优质的研学旅行活动。

开展课程化的研学旅行，才能将深植于个体内心的心智模式，以及难以进行编码的知识变成中小学课程内容，从而创造隐性知识生成、迁移和共享的情境。通过在场体验与感悟，学生可以在放松的情境中欣赏自然、社会与自我，完成隐性知识的迁移；通过课程化的研学旅行活动，学生能够获得多重感官体验，获得美的享受，受到研学旅行艺术的熏染，提高审美能力、合作能力、社会参与能力等，实现心灵的洗涤与情感的陶冶，从而有效培育核心素养。只有将研学旅行课程化，才能保障其按照课程设置进行有序化开设，保障其常态化开设。

二、研学项目

项目一：依托万平口海滨风景区和岚山百里绿茶长廊的自然条件、人文景观、历史文化，因地制宜，开展独具特色的研学活动。

项目二：以万平口海滨风景区和岚山百里绿茶长廊的现有资源和发展方向为基础，遵循学生认知规律，将知识性学习与实践性操作相结合，保证课程的多样性、层次性、独特性，并和相关学科融合。

项目三：尊重学生主体地位，以学生调查研究、角色体验等形式为主，引导学生以地理的视角观察自然和社会，培养学生的合作创新意识和多学科融合的综合实践力，形成科学的可持续发展观、世界观。

三、研学驿站

（一）日照城市会客厅——万平口海滨风景区

万平口海滨风景区素有日照城市会客厅之美誉，是日照市区内最大的景区。景区海岸线长5000米，占地面积760万平方米，以优美宜人的自然环境、湿润清新的空气、宽阔洁净的沙滩、清澈透明的海水和明媚灿烂的阳光著称。

万平口海滨风景区平面图

我们的研学从海龙湾风景区开始，沿海岸线自南向北行进，主要考察海龙湾、日照灯塔、水上运动中心和万平口海洋公园。

1. 退港还海——海龙湾

海龙湾是全国首个港口工业岸线退港还海、整治修复成生态旅游岸线的典型案例，也是日照市碧海行动"五大"工程的重要内容之一，作为全国首个退港还海项目，被国家海洋局列为典型引领示范项目。

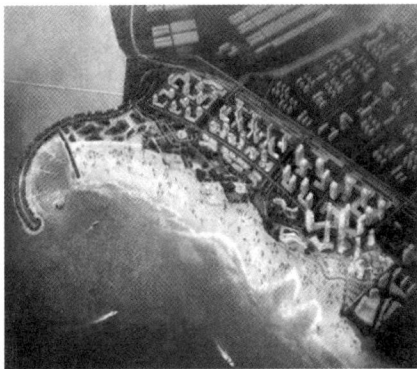

海龙湾

目前，海龙湾的天然沙滩已经初步形成，海龟在附近产卵，海洋生物种类日益丰富。它如一轮弯弯的明月，伸入蔚蓝的大海，将壮观美丽的一幕呈现在人们的眼前。

2. 远航坐标——日照灯塔

日照灯塔，原名石臼灯塔，建于 1985 年，建筑面积 197.07 平方米，黑白横纹相间的塔身为钢筋混凝土结构。1992 年，石臼灯塔正式更名为日照灯塔。

2005 年 3 月，日照市政府对灯塔的外观进行了改造，由原来的黑白横纹相间改为通体白色。

活动建议：

参观海龙湾和灯塔，思考下列问题。

（1）想一想：退港还海后，沿海生态环境会发生怎样的变化？

（2）论一论：从退港还海角度分析如何兼顾城市发展和生态保护。

（3）议一议：在不同历史阶段，灯塔所起的作用有哪些？在信息技术高度发展的今天，灯塔是否还有存在的价值？

（4）读一读：读诗歌《灯塔》，根据自己对诗歌的理解，以灯塔为主题创作一部作品，以体现灯塔的象征意义。

灯 塔

那是牧人点起的一堆篝火，

还是一颗在天边闪烁的明星？

那是忽隐忽现的一团野火，

还是哪个荒僻庙堂的神灯？

——伙伴！那是灯塔放出的光明！

3.万平口潟湖

从灯塔广场沿海边木栈道而行，礁石群浪花飞溅，岸边绿树成荫。穿过观涛广场，就来到了万平口潟湖。

万平口潟湖，是江北最大的天然潟湖，湖面长3500米，宽700米，深2米。湖内水清波静，是泛舟、垂钓、游泳的最佳去处。

潟湖

潟湖中间的一条笔直的公路连通了五座桥，串起四座人工小岛。潟湖修建时，为减少土方调运量，施工队伍将挖出的泥土在湖心由南向北依次筑成小岛，分别命名为童话、阳光、情人和鸥鹭。从南向北俯瞰潟湖，湖面波光粼粼，宛如铺开的蓝色画布。

四岛将潟湖一分为二，万平口大桥横贯其上。大桥采用特殊的全透空设计，五跨连拱，五环倒映，从中跨到边跨，跨径依次递减，颇为壮观。

活动建议一：

沿潟湖中间公路徒步穿越四岛，欣赏两岸风光。

（1）查一查：潟湖的成因及分类。

（2）议一议：为什么要修建潟湖四岛？世界上填海造陆成功的国家和地区还有哪些？

（3）看一看：观察潮汐塔颜色的变化，探究潮起潮落的变化规律，测量潮起潮落时潟湖水位的变化，思考潮汐和潟湖的开发利用价值。

活动建议二：

观察图中跨海大桥的结构，探究思考。

（1）论一论：大桥采用特殊的全透空设计，五跨连拱，五环倒映，从中跨到边跨，跨径依次递减。这种设计有什么好处？

（2）比一比：设计一幅跨海大桥图，看谁的设计美观科学。

跨海大桥

4. 日照水上运动基地

日照水上运动基地依托潟湖而建，占地532万平方米，包括比赛水域、水上设施和陆上竞赛设施区域。整个水域通过四座人工小岛划分为比赛区域和训练水域，比赛和训练可以同时进行，互不干扰。

水上运动基地

日照水上运动基地将传统的静水、动水项目和海水、淡水项目集中在一个区域举行，可以满足奥运会所有水上项目和中国水上运动会全部赛事进行的需要，是世界上可承办水上运动项目最多的场地，同时也是具有国际水准的旅游休闲景区。

活动建议：

参观水上运动基地，探究思考。

（1）想一想：适宜进行水上运动的气象水文条件有哪些？

（2）论一论：水上运动基地依托潟湖而建的原因是什么？

（3）数一数：水上运动基地有多少运动项目？不同的运动项目使用的水上运动工具是什么？

（4）挑战自我：感受水滑过肌肤的清爽，体验驰骋水面的刺激。选择一种水上运动项目，在教练员的陪同下挑战自我，亲身体验一下水上运动的魅力。

5. 万平口海洋公园

从日照水上运动基地出来，经五环彩虹桥跨越潟湖两岸，东岸就是万平口海洋公园。

万平口海洋公园以清澈温和的海水、宽阔细腻的沙滩、优美宜人的环境、明媚灿烂的阳光著称，被誉为"东方夏威夷"。

站在广场上那尊"舵轮与锚"的塑像前，顺着风隐遁于海的方向远眺，目光所抵之处，正是海岸边上那块展翅欲飞的万平石。

万平口海洋公园

舵轮与锚

万平石

活动建议一：

（1）想一想：你知道与万平石合影有什么寓意吗？

（2）论一论："舵轮与锚"与万平石是万平口海洋公园的标志，它们体现了万平口海洋公园的什么设计理念？

活动建议二：

与大海相约，挑战自我。

（1）踏浪比赛：与大海相约，来一场踏浪比赛，在浪花上跳舞，感受海浪的起伏。

（2）沙滩奔跑：在细软的沙滩上来一场奔跑，挑战极限，放松心情。

（3）沙雕创作：让沙在指尖流淌，以沙为材料，来一场沙雕创作比赛。

温馨提示：

（1）海边风大，紫外线强烈，建议携带防晒霜、防晒衣、防紫外线的太阳伞和太阳镜等防晒用品。

（2）为了方便在沙滩上行走，建议携带拖鞋。如果在夏季傍晚来海边，建议穿厚一点的长袖上衣。

（3）体验水上运动项目需提前准备相关运动装。

（4）进行水上运动前，需提前了解景区的天气状况，尤其注意台风等特殊天气，严格按照规定进行研学。

印象日照

　　古人说条条江河归大海，大海有那般宏阔的胸怀。在这样的胸怀里升起一轮红日，该是什么样的景象？

　　现在我正走向海。我知道有一个叫作日照的地方，日照的名字多么直白，又是多么神秘。日照香炉就会升起紫色的烟尘，日照大海会升起什么？我仰望着那个地方，我穿越齐鲁大地，走过孔子的曲阜，走过泰山沂蒙。

　　大海终于展现在我的眼前，它就像中原的千里沃野，麦浪赶赶地涌，散发出浓郁的味道。白云似一群从远方跑来的绵羊，我听到了它们的喧嚷。很长很阔的沙滩，我小成了沧海一粟。

（摘编自王剑冰《日照》）

（二）百里绿茶长廊

绿茶百里，人间天堂。百里绿茶长廊位于日照市岚山区巨峰镇，东起后黄埠村，西至薄家口，北起老龙窝，南至大土山，全长 51.3 公里，将 34 个行政村、39000 亩茶园连接成片，是一条集生态观光、茶文化体验、茶叶贸易、乡村度假、美食娱乐为一体的特色茶文化休闲旅游线路。

让我们开启本次绿茶之旅，放松身心，去感受茶的神秘、自然和灵动……

1.1966 茶博园——相识日照绿茶

我们的研学之旅，从圣谷山 1966 茶博园开始。1966 茶博园位于巨峰镇政府西侧，由镇粮所改建而成。整个园区保留了老粮所的主体结构，青瓦石墙，古朴中透着岁月的沧桑。

1966 茶文化创意馆——茶空间

茶博园主体由茶空间、茶展览馆、茶叶研发中心等几部分组成。茶空间是一条东西向的长廊，内部疏朗开阔，置有可供二十余人共饮的原木长桌。另有茶室数间，供游客在此闻香品茗、荡涤风尘。

另外，茶空间展览区将日照茶叶所有品种囊括其中，空间中有竹叶苍苍、灯光点点，雅趣悠然。

茶空间与茶展览馆之间，有一条青石铺成的小路。馆内长廊通透，穹呈拱形，长约三十余米，中间没有任何支柱支撑，视线所及之处，一览无余。两侧墙壁上悬挂着一幅幅生动的展品，形象地再现了中国绿茶发展史以及日照南茶北引的历史。

研学茶博园，了解日照绿茶的前世今生。

活动建议：

参观茶博园，了解日照南茶北引的发展史。

（1）观察茶博园结构图，绘制简单的茶博园结构受力图，探究茶博园拱形设计的原理。

（2）观察不同品种的茶叶，从外形、颜色、气味方面辨别它们的差异。

（3）你知道茶博园"1966"的含义是什么吗？日照绿茶经历了60年的发展，从无到有，从弱到强，对此，你有什么感触？

从1966茶博园出来，沿222省道北行进入绿茶长廊。车在蜿蜒曲折的乡村幸福路上行驶，一村一韵，一村一品，万亩茶园像一幅宏伟的画卷，在眼前缓缓展开。青山叠翠，绿树环绕，茶香、草香、花香在空气中弥漫，宛若一个静谧却又流动的世界。

活动建议：

讨论茶叶在新农村建设中所起的作用。

（1）一村一韵，一村一品。从茶博园到小茶山，数一数沿途共经过多少个村庄。

（2）从路两侧的广告牌里，你知道了哪些绿茶品牌？请你选择一个绿茶品牌，为其设计一条广告语。

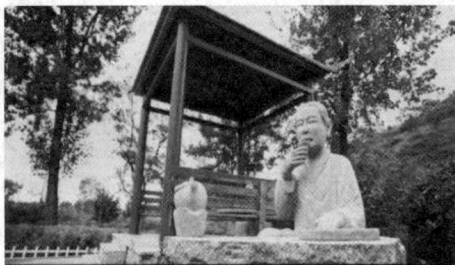
一村一韵，一村一品

（3）你想象中的农村，与你见到的新农村有什么区别？

2. 小茶山文旅综合体——茶旅结合，让茶有了诗意

百里绿茶长廊研学的第二站，是小茶山文旅综合体，它就坐落在后山旺村的北垛山下。

小茶山文旅综合体项目，是巨峰镇国家级特色小镇建设工程的重点项目。这里背依群山，茶园满山冈，梯田层层叠叠，薄雾缭绕，炊烟袅袅，像一幅浓墨重彩的山水画。

小茶山文旅综合体

活动建议一：

探究自然环境对茶叶生长及产值的影响。

（1）从地理位置及自然环境等不
同角度出发，结合绿茶特性，分
析三大海岸绿茶城市有利于绿茶
生长的共同特点。

（2）观察小茶山附近地形，选择
一处梯田，采集土壤，用pH试
纸测试土壤的酸碱度。

北垛山

（3）北垛山南坡小茶山地理环境
特殊，茶叶生长得好，亩产值高。探究此处茶叶亩产值高的原因。

活动建议二：

观茶艺表演，品茶叶美食，感受茶文化的魅力。来一场茶叶盛宴，在不
完美的生命中感知完美，哪怕只有一杯茶的时间……

（1）团队协作，制作茶叶美食，举办茶叶盛宴，学习餐饮礼仪。

（2）学茶艺，感受茶艺之美。泡一杯清茶，看茶叶在水中沉浮，思考古
人为何用茶喻人生。

茶叶美食

茶艺表演

3. 淞晨茶文化园——体会科技兴茶新模式

淞晨茶文化园由茶叶博物馆、茶文化馆、有机茶叶种植区、清洁化加工
车间和茶叶种植技术研发中心五大部分组成，是以茶文化、茶科普为主题，

集茶文化传播、茶叶种植加工、茶叶销售、旅游度假、休闲娱乐于一体的多功能综合性园区，被农业农村部、共青团中央授予"全国青少年农业科普示范基地"荣誉称号。

在这里，你可以化身茶农，亲自体验茶叶从繁育到生物防控、采茶、炒制的整个流程。可以来一场采茶、炒茶大赛，挑战自我，体验劳动的快乐与艰辛。

活动建议一：

阅读材料，分析淞晨茶叶发展的有利条件。

材料一：南北山，又名德靖山，山顶两峰，分别是南主峰和北主峰，南主峰海拔 387.8 米，北主峰海拔 486.8 米。山

南北山

长约 10 千米，宽约 5 千米，山势险峻，怪石林立，是一座完全独立的南北走向的山体。冬季，日照刮西北风，南北山正好为淞晨茶文化园挡住凛冽的寒风。

材料二：淞晨茶文化园空气清新，园区内有人工湖泊，水质纯净，灌溉便利；位于向阳坡，光照适宜，昼夜温差大；冬季西北风受南北山阻挡，无严寒天气；土壤为黄棕壤，含有丰富的矿物质和微量元素；施用豆饼、羊粪等有机肥料，在茶行间覆盖一层厚厚的麦秸，阻碍草种见光生长，麦秸腐烂后，可转化为有机肥料；园区外围种了很多松树，不仅能起到防护林的作用，松树散发出的松香还能被茶树吸收，使茶叶带有天然的松香，而有无松香是判断茶叶是否为高端茶的标准之一。

活动建议二：

（1）走进茶叶智能温室繁育大棚，观察茶叶的繁殖方式，探讨有性繁殖与无性繁殖的特点。

（2）参观御园春茶叶智能温室繁育大棚，思考智能温室繁育大棚

御园春茶叶智能温室繁育大棚

是如何实现全方位现代化检测棚内环境的，并亲手测一下各项数据。

（3）探究茶叶的绿色防控工作。思考除了用粘虫板、太阳能灭虫灯来绿色防治虫害之外，增强茶园的生物多样性为什么也可以减少病虫害的发生？

| 粘虫板 | 太阳能灭虫灯 | 无人机为茶园喷洒农药 |

活动建议三：

走进淞晨茶清洁化加工车间，体验制茶的每个环节，见证茶叶从鲜叶到绿茶的蜕变。

（1）跟采茶女学习采茶的方法，进行采茶比赛，看谁在规定时间内采摘的茶叶最多，最合乎标准。思考一下，采茶时为什么不能用指甲掐？

（2）分组合作，数一下一斤鲜茶叶大约包含多少茶芽。与炒茶师傅学习，亲自体验手工炒茶的过程，然后计算一下炒制一斤茶叶需要多少茶芽。

（3）对不同农户承包下的茶园进行调查，从对茶叶的日常管理、采摘和茶叶产值方面进行比对分析，找出产生差距的原因。

温馨提示：

（1）本次研学需要准备以下材料：百里绿茶长廊导游图、日照绿茶的相关知识图谱、摄像器材、纸、笔、pH试纸、烧杯、玻璃棒、小刀、镊子。

（2）为方便田间操作，建议穿轻便的运动服、运动鞋。

（3）要做好防晒工作，建议戴防晒帽，不要在手上涂防晒霜。采茶前要用清水将手洗干净。

（4）严禁在田间打闹，以防滑倒、跌伤。

（5）体验采茶、炒茶等技艺时需听从专业人士指导，严格按照规定流程操作。

印象日照

日照绿茶是中国国家地理标志产品、世界三大海岸绿茶之一，被誉为"中国绿茶新贵"，是绿茶中的王者。

百里绿茶长廊，是日照绿茶发展壮大、走向未来的缩影。俯瞰日照，漫山遍野的茶树，生机盎然的茶园，正铺陈着这个城市的自然底色。一片片小小的茶叶，书写着它的历史和文化，让日照在茶香荡漾中迈向新征程！

四、研学总结

本次研学课程通过"想一想""读一读""挑战自我"等多种形式，在具体研学驿站开展实践活动。要求学生通过采集数据形成分析报告、收集实物制成作品、亲身体验总结演讲等多种形式，对本次研学课程的成果进行汇报展示。

本次研学将学生的亲身体验作为评价方式，将研学课程真正还给学生，让学生真正成为研学旅行的主人、课程实践的主人。在培养学生实践能力的同时，提高学生对参与研学课程的热情和兴趣，进而提升学生的核心素养。

▌第二章
以行走家乡为路径，育家国情怀

波涌千年石，山海画廊情
——岚山多岛海研学＋远足课程方案

一、研学目标和要求

第一，了解湿地的定义、分类及作用，并通过实地考察，探究荻水湿地的成因及存在的问题。

第二，通过对不同地点海拔、经纬度、气温的测量计算，加深对自然地理要素之间关系的理解。

第三，近距离观察日照市岚山通用机场的建设状况，探讨机场选址的有利条件；观察赣榆工业园区工业废气的排放情况，加深对工业污染概念的理解；了解岚山大气污染的主要来源，并通过烟来辨别方向，探究居民地选址的重要性。

第四，沿多岛海海岸线行走，在欣赏美丽风景的同时观潮起潮落。了解潮汐变化规律，知道岚山区政府对海岸线进行生态修复所采取的系列措施及取得的显著成效，初步形成尊重自然、因地制宜的意识及可持续发展的观念。

第五，参观岚山海上碑，了解海上碑的地位、意义、历史背景和相关人物故事，感受碑文所蕴含的情思与魅力，从而培养关心家乡的环境与发展、热爱家乡、热爱祖国的情怀。

第六，通过"极限挑战"励志活动，培养学生的顽强意志、吃苦精神以及抗挫折能力。

第七，通过集体就餐，学习文明餐饮礼仪。强化学生集体观念、组织纪律观念和合作意识。

二、研学＋远足路线及设计思路

全程共计 18.9 公里，用时 1 天。

（一）第一站：岚山区实验中学

首先，体育教师整队，清点小组人数。

之后，班主任再次强调沿途安全问题以及注意事项，安排随队的家长及教师到队伍指定位置，并检查物资准备情况。

最后，出发前集体合影。

另外，在经过沿途三个红绿灯时，教师和家长要分列两侧，指挥交通，确保学生安全。

（二）第二站：荻水湿地公园

体育教师整队，各小组汇报每组学生身体状况。各学科教师参与学生活动。

学生活动：

①读一读：读荻水湿地公园简介、导游图，了解其建设背景、规模及意义。

②想一想：初中阶段，我们学过的湿地有哪些？查找课本，讨论它们与荻水湿地的异同点；同学互助，结合实际，理解课本讲述的湿地存在的问题及保护湿地的意义。

③认一认：辨别湿地的主要植被类型，思考这些植被的属性与自然环境的关系。

④测一测：检测湿地中三处湖泊的水质，探究水质存在差异的原因。

⑤说一说：谈谈绣针河的开发及治理措施。

（三）第三站：岚山通用机场

学生活动：

①辨方向：立足岚山通用机场，远眺赣榆工业园区，观察工业废气排放情况，通过烟辨方向。

②探究：探究工业园区选址的注意事项。

③思考：岚山大气污染的主要来源有哪些？

教师对学生的问题进行解答。

（四）第四站：多岛海风帆基地

学生活动：

①沙滩奔跑：赤脚在沙滩上来一次奔跑，进行励志教育。

②才艺展示：风帆广场竞风流，学生创作关于海的篇章，或歌或舞，或写或画，不拘形式，只求抒发对大海的真情实感。

班主任及学科教师负责活动组织及安全保障工作。

（五）第五站：岚山海上碑（就餐）

学生活动：

①描一描：临摹石刻文字，感受沧桑历史。

②听一听：聆听铿锵粗犷的岚山号子，感受岚山渔民在劳作时驯海驭浪的激情和对美好生活的向往。

③尝一尝：品尝岚山美食，探究岚山饮食文化。一碗蟹酱豆腐，一张岚山煎饼，一碟虾皮葱花，岚山人，一年四季，从早到晚，无鱼不欢。就餐时进行餐桌礼仪培训，餐后对垃圾进行分类整理。

④听涛观潮：站在海上碑前的岩石上听涛观潮。潮平波稳时，万顷大海空阔寂寥；波涛汹涌时，巨浪撞击礁石，水花溅起，激扬如歌。

（六）第六站：岚山区实验中学（返程）

回校休整，体育教师组织学生进行放松活动；组织师生对本次研学进行知识总结，填写研学手册。

三、研学资源简介

（一）获水湿地公园

获水湿地公园位于安东卫西南、绣针河入海口，建设总面积为 36 万平方米。该湿地公园遵循生态工程原理，充分利用绣针河入海口的自然生态资源，对原有荒滩、盐碱地、污水沟进行整治改造，通过地形塑造和景观建设，恢复了湿地原有的景观，还适当增加了喷泉广场、微观雕塑等园林景观。园内小桥流水、杨柳依依，呈现出多样化的城市面貌，已经成为市民休闲健身的场所。

中考链接：

①湿地的定义；

②湿地的分类；

③湿地的功能；

④东北三江平原湿地的相关内容（人教版初中地理八年级下册第 18 页）；

⑤青藏三江源地区湿地的相关内容（人教版初中地理八年级下册第 94 页）；

⑥河流的相关知识（人教版初中地理八年级上册第 42 页）。

（二）岚山通用机场

岚山通用机场项目位于岚山多岛海西岛，交通便利，距离青岛、临沂、连云港空港均在 150 公里范围内，距日照机场仅半小时车程。机场恰好位于北京到上海飞行通道区域的中心，作为两地之间的重要航空服务节点，其区位及发展优势十分明显。

中考链接：机场选址应考虑的因素。

思考：对卫星发射及着陆基地的选址有什么要求？（如为什么经常选择内蒙古作为着陆点。）

（三）多岛海风景区

多岛海风景区位于岚山区多岛海大道，是国家 3A 级景区。该景区具有全国唯一的海上摩崖石刻和国内不可多见的南向临海海岸线。这里以水为灵魂，以岛为载体，环水为岛，多岛连海，形成多层次的滨水景观。

多岛海拥有优美宜人的自然环境、湿润清新的空气、宽阔洁净的沙滩、清澈透明的海水、明媚灿烂的阳光，每年都会有大量中外游客慕名而来，是休闲、购物、游玩的理想之地，也是最能代表日照"蓝天、碧海、金沙滩"特色的景区之一。

知识拓展：

岚山区区委、区政府提出"黄海明珠，钢铁新城"的城市建设规划，提出"把最好的岸线还给自然，把最美的海景留给群众"的口号。政府投资巨大，采取诸多措施对海岸线进行恢复建设。

中考链接：海滨旅游业的发展及发展海洋经济的方式与意义。

①地中海沿岸为什么成为西欧人最喜欢旅游的地方？

②东南亚发展旅游的有利条件有哪些？我国人民为什么喜欢去东南亚旅游？

③细数一下，世界上还有哪些比较出名的海滨旅游景点？（人教版初中地理七年级下册第28页、57页）

（四）岚山海上碑

在岚山渔港内，离岸不远处有一大块礁石。涨潮时，礁石被海水淹没；退潮时，礁石露出水面。在礁石朝北的一面上，刻有明清时期苏京等人的题词。这块礁石就是著名的岚山海上碑，也是岚山地区唯一一块未遭破坏保留至今的古碑。碑文处在一个摩崖斜面上，共五幅文字，"星河影动""撼雪喷云"两幅的题写者是明末的苏京，"万斛明珠""砥柱狂澜"两幅的题写者是与苏京同时期的王铎，"难为水"为清初阎毓秀所题，较苏、王二人题刻稍晚。

知识拓展：传统民歌岚山号子

岚山号子既重现了岚山渔民们平日生活的真实景象，又在生活真实的基础上有所升华，再现了岚山渔民在劳作时驯海驭浪的激情和对美好生活的向往。渔民们用他们那终日捞网捕鱼、长满老茧的双手，创作出了源于生活又高于生活的艺术作品。

四、研学活动的三个关键环节

本次研学活动的主题包括"远足锻炼体魄"和"学习教育"。为实现"走一路,学一路"的活动目标,本次研学必须抓好三个关键环节。

第一,组织多学科教师共同走线、认真调研、科学规划课程,以科学的教育理念规划研学、组织实施研学。

第二,加强协作,注重细节管理,控制风险因子,保证研学过程中师生的人身安全。

第三,精心组织,重视体验。引导学生用眼观察,用心体验,用脑思考,真正将"研"和"学"密切结合起来。

2021 年 4 月

最美的风景，永远在未来的路上

——多岛海研学后的反思

2021 年 5 月 22 日，在筹备了近一个月，一切准备工作就绪，研学内容、活动细节、可能出现的问题都已经过周密的考虑后，我们拉开了多岛海研学旅行实践活动的序幕。

从早晨七点半出发到下午四点顺利返回，本次实践活动历时九个小时，人均徒步近三万步，远远超过了预定的时间和强度。

在这里，我就本次实践活动所取得的成绩及存在的问题，做详细的总结反思。

一、前期的准备工作

（一）研学方案的调整

在 2019 年 5 月初，我们已经成功举办过一次多岛海研学活动，当时参与研学的是八年级 13 班的孩子，效果很不错。在此次研学的基础上，我又根据实际情况进行了调整，对研学方案进行细化改进，形成了一个相对成熟的研学方案。此方案在 2020 年第二届全国中小学综合实践活动课程资源征集活动中成功入选。

在上次研学课程的基础上，我做了以下微调。

一是上次在获水湿地公园巧遇岚山区人民医院护士站在此进行紧急救护演练，我们随后将学习急救知识添加进研学方案。在这次研学中，很难再有此巧遇，为了让活动更丰富一些，考虑到研学正好途经岚山区科技馆，所以我又添加了科技馆作为研学驿站。

二是对荻水湿地知识的讲解内容做了改进。因为参与研学的主体有所改变，我将湿地分类及保护、植被种类及成因这一块知识弱化了，并增加了经纬度的测量及计算内容的比重。

三是考虑到研学时间延后，天气炎热，且参与研学的学生年龄偏小，又来自不同班级，对于"奔跑吧，少年"这个活动，我也做了弱化处理，不再要求全员参加，而是另外安排了专职教师，对学生进行心理疏导以及抗挫折教育等。

四是加强餐桌礼仪教学，专门聘请酒店人员给予讲解。世界顶级礼仪大师威廉·汉森说："善于观察的人，只用一顿饭的工夫，便可知你父母生活的背景怎样，你的教育背景如何。"一个具备良好餐桌礼仪的孩子，他在未来的社交场合中至少占据了"人和"的优势，所能获取的机会也会更多一些。餐桌礼仪中，藏着孩子的未来。事实证明，这一内容也得到了参与学生和家长的认可。

（二）研学手册的制作

在参照前期研学手册的基础上，我又做了新的调整。

一是重新设计封面，与"护航计划"相结合，同时简化手册内容，略去目录、知识检测等内容，只保留与知识储备及安全与纪律等相关的内容。

二是扩大了研学团队规模，多学科参与，让研学活动不再由地理教师独占。

三是研学小组中学生分工更明确，让每一个孩子都承担一个职责。

四是研学内容更具体，要求更明确。

（三）做好安全保障工作

1. 发放研学告家长书，签订安全保证书

为了保证学生安全，我们给每一位自愿参加研学的学生发放了一封告家长书，将活动中可能遇到的问题、必须注意的事项一一告知，并与每一位学生及家长签订自愿参加研学的安全保证书。

2. 购买保险

在家委会的组织下，为每一位参加活动的学生购买人身意外保险。

3. 精细分组

根据学生、教师、家长的具体情况，进行科学分组，每组都分配一至两名教师和一名协助管理纪律及负责安全工作的家长。考虑到本次研学是以远足的方式进行，为防止学生或者教师途中出现问题，我们安排了三位教师开车跟随，随时接送走不动的学生或教师、家长，还安排了一名教师负责运送矿泉水等物资。

（四）做好后勤保障工作

1. 费用的收取

为做到公平公正，本着一切来源于学生并回馈于学生的原则，餐费和保险费用的收取以及饭店的选择等，都由家委会完成，教师不参与费用管理。

2. 做好就餐安排

以小组为单位，可做适当调整。做好学生的就餐安排，细化到每一桌，如每一桌要有一至两位组长，还要有一位教师，一位家长，为学习餐桌礼仪做好准备。

前期我们做了大量的工作，为本次研学做足了准备。但任何一个方案，即便你认为它再完美，回归到现实中都会衍生出诸多问题，本次研学也是。

二、研学过程中出现的问题

（一）远足行进过程中的问题

最初我们采用的是多列行走的方式，前面领头的学生举旗，教师和家长跟队。过路口时，教师和家长拦下车后，学生再行进，这样的考虑是比较周全的。最初学生们走得很齐，看起来也很壮观，但到最后因为过度疲惫等原因，多列纵队很难保持整齐了，并列的学生相互说话，导致队伍松松垮垮。

所以，后来我们将队伍调整为一列纵队，才保证了路队整齐、有序。

（二）在科技馆出现拥挤现象

在进入科技馆参观时，因为人员过多（有七十多人），讲解员声音较小，学生无法听清讲解内容，加上科技馆里的技术设备对学生吸引力大，导致学生分散、场面混乱。

解决方式有二。其一，因学生人数过多，应该分组进行参观，每一组最多不超过三十人。科技馆共三个馆，我们可以将学生分成三组，进行交错参观（前提是科技馆解说人员也应该分三组配备）。其二，针对没有给予学生足够的时间去参观（比如参观地震馆的时间不够）的情况，最好的解决方式就是让学生排好队，让每一个学生都能体验一下地震的场景。研学不是参观，所以一定要给予孩子足够的时间去体验。（前提是与科技馆做好协调工作，给予孩子足够的支持。）

（三）获水湿地公园研学效果不佳

对于湿地知识的探究，学生兴趣不大，根源在于学生知识储备不足。七年级的学生还没有学到这一块的知识，这样的研学内容超出了学生的实际情况。

但对于用手机测经纬度的知识点，学生兴趣比较大，这一点可以适当加深，并给予学生演练的时间。或者将此课程分年级设置，对于七年级的学生，可以舍弃获水湿地公园这一个研学驿站，将此部分内容归属于八年级。

（四）励志教育过程中存在问题

自愿参与的学生不多，活动没有达到预期效果。我们过度考虑了安全问题，导致许多学生都成了看客，而未能参与其中。

（五）餐桌礼仪培训质量需提升

餐桌礼仪培训是本次研学活动的一个亮点，但负责培训餐桌礼仪的酒店准备不到位，培训人员过于自由散漫，普通话不标准，致使活动缺少仪式感。下一次开展此类活动，我们教师要备好这一方面的课。

（六）研学设备准备不足

这是本次研学中最大的问题，具体如下。

其一，扩音器音质不好。学生多，在室外时无法做到让每一位学生都能清晰听到对于活动内容的讲解。

其二，缺少专业摄影人员。研学之后，家长和教师上传的照片和视频普遍像素不高，取景很乱，一些非常精彩的瞬间没被保留下来，很是遗憾。

其三，本来计划在三个研学驿站都合影留念，但因为时间关系以及组织教师不能及时到位，没有集体合影。

建议下一步的研学，必须配好设备，另外做好研学导师的培训工作。每一名研学导师都是活动的领队人，都应该融入学生当中，而不是当一个旁观者。

每一次研学旅行实践活动，都是对研学理论的一种检验。我们应该在实践过程中不断反思，要敢于否定自己，不断改正问题，唯有如此，才能进步。

研学旅行实践活动是一个多学科综合的课程，只有让更多的教师参与其中，各学科间不断融合，才能创设出适合我们孩子的课程。

三、研学后的工作

要做好研学评价工作。活动后，一定要开展总结和评价工作，对活动过程中表现优秀的学生要及时奖励。评价的方式要多样化，尽可能地让参与的学生都能在活动中找到自信，肯定自我。除此之外，还要做好研学手册的填写指导与收集工作以及研学成果的评定工作。

总之，我们要相信，最美的风景，永远在通向未来的路上！

2021 年 5 月 23 日

农耕文化研学实践课程的开发策略

——以岚山绿茶研学课程开发为例

农业是人类生存和发展的基础，有着悠久的发展历史。在研学实践课程中，农耕文化研学实践课程受到了家长和学生的喜爱。本文以岚山绿茶研学课程的开发为例，论述当前如何在乡镇中学进行以农耕文化为导向的研学课程开发，让学生通过农耕体验学习了解更多农耕文化。

一、什么是农耕文化

农耕文化又被称为农耕文明，它是以农民、农村和农业作为实践主体，在一定的历史发展积淀下，融合了本地区的文化特色及民族特点所形成的具有鲜明特点的文化集合。按照农耕文明的形式特点，可以将其划分为民俗习惯类、民间艺术类等。民俗习惯类就是农民生活、农业生产等方面的习俗，涉及农民的衣、食、住、行等方面；民间艺术类主要指广大农民在长期的农耕生活中所创作的民间艺术作品，这些作品是劳动人民就地取材的成果。

作为中华文化的重要组成部分，农耕文化不仅指农业生产方面的物质文化，还包括农业耕作活动中所渗透出来的农业思想观念、艺术形式等精神文化，它们是中华民族文化艺术的结晶。

二、农耕文化导向下的研学实践课程开展现状

作为一门新兴课程，农耕文化导向下的研学实践课程必须要以"农耕"为核心，以学生在乡土中的农事实践与体验为基础，从而引导学生深入有效地学习、感受农耕文化。

根据课程的开设实际与现有的相关研究分析，目前农耕文化导向下的研学实践课程存在很多问题，其中最大的问题就是我们很多学校的研学实践课程只在课程表上存在，事实上根本形同虚设。如今，我们的孩子远离自然，将所有的成长时间都奉献给教室，对于劳动，他们缺少真正的实践。另一个问题就是我们个别学校虽然开设了农耕文化研学实践课程，但开展的目的不是真正让所有学生感受农耕文化、体验劳动乐趣，而仅是为了拍照应付各级教育部门的检查。

如何让农耕文化研学实践课程真正落到实处，并且全面推广下去，成为需要我们共同探究的主要问题。

三、农耕文化研学实践课程难以开展的原因

事实上，不仅是农耕文化研学实践课程难以开展，只要是走出教室的研学旅行实践活动，都难以真正全面地开展。除了受安全因素影响外，最主要的是传统教育观念的影响。社会普遍认为参与研学旅行实践活动会占用学生的学习时间，从而影响学生的学习成绩。至于培养学生的动手能力、实践能力，提升学生核心素养这些"高大上"的理论，对于家长来说，他们不懂也不认为这些会比中考和高考更重要。

很多时候，对于我们的家长群体，只靠单纯的理论说教效果并不好，我们需要用事实让他们看到研学实践课程的开展不仅不影响学生的成绩，而且还能提升他们的成绩，这才是最可行的。

也就是说，研学实践课程要想真正落实，并且全面推广下去，必须获得学校、社会和家长的支持，这就意味着研学实践课程的开发最好能与中考衔接。这就需要我们充分挖掘课本内容、优化课程，让研学实践课程为中考服务，同时又要超越中考，充分探索它在培养学生情感态度和价值观方面的优势。

四、农耕文化研学实践课程开发如何与中考衔接

我国是农业大国，有着灿烂的农业文明，也有着深厚的农业生产底蕴。

农耕文化研学实践课程开发的优势，就在于它囊括了地理、历史、数学、物理、化学等诸多领域。

其中，农业生产的因地制宜，正好是我们地理中考的重点。一个区域的农业生产特点，与地形、气候、水系等息息相关，如印度多种植水稻、小麦、棉花、黄麻、茶叶，日本利用小型机械进行农业生产，澳大利亚和美国农业生产专业化和机械化，欧洲西部葡萄酒业和畜牧业发达等。这些地区农业生产特点的形成原因都可以在我们的研学中得到解答。

另外，地理教学应该与现实结合，跟上时代步伐。课本上的东西已经远远不能满足学生的需要，我们不能还停留在以前的教学模式中，如只教给学生柑橘在南方盛产，苹果是北方的产物等。巨峰除了绿茶外，还有大片的切花大棚、火龙果种植基地，事实上，任何一种作物，只要给予它适合生长的条件，都可以培养起来。所以我们在学习传统农业的同时，可以让学生接触身边的绿色、低碳、生态农业（这也是初中地理的重点内容）。

我们应该利用研学，让学生将知识学"活"。

如"南茶北引"就是一个成功的例子。"南茶北引"为什么能成功？我们需要探讨茶叶成活所需的条件，比如热量、水分、地形、土壤等。那么就从这方面入手，来研究"南茶北引"成功地区适合茶叶生长的自然条件。

正是因为具备这些条件，茶叶才能发展起来。但不同地区的同种作物还是有所不同的，我们需要引导学生思考自然条件的差异反映到作物上有哪些表现，如日照绿茶与南方绿茶品质上的差异，南方水稻与北方水稻的差异等。我曾经参加过一个有关茶叶的调研会，会上一位领导在谈及日照绿茶的弊端时，说日照绿茶叶片厚、植株矮小，不美观，观赏价值低等，建议日照绿茶开发团队在茶叶外观上加大科研力度。这让我汗颜，因为我认为他所谓的弊端正是日照绿茶的优点。

另外，在探究茶叶的生长环境时，不可避免地会因参观茶庄而涉及"品茶"以及茶文化探究这一领域的内容，这需要学生具有一定的文化素养。初中学生，能静下心来品一杯茶很难，这需要培养心境。我们可以把他们带入其环境中感受，而不要求他们去学习。

五、以岚山绿茶研学课程为例，探讨课程开发流程

岚山的绿茶产业主要集中在日照市岚山区碑廓和巨峰两大乡镇，这里都有着规范化的研学基地，所以这两个乡镇的中学可直接采用"远足 + 研学"的方式开展研学实践课程。其他六个乡镇的学校可以就近选择研学基地进行参观。流程如下。

（一）课程开发

首先，充分挖掘整合教材。将初中阶段所有有关农业生产的知识点汇集成一个专题，让学生通过网络或者通过询问家长，搜集这方面的材料，为研学进行知识储备。

其次，组织教师对两大乡镇的茶场进行踩点，选择最具代表性的研学路线。

最后，对研学的前期工作，包括家长的调查问卷、学生的知识储备测试以及沿途的细节等进行细致规划，设计活动，利用课间让学生参与到研学路线和课程的设计中来。

（二）车辆调度

乡镇间都有公交车，我们可以提前与交通部门联系，节约出行费用。

（三）伙食

充分利用好乡镇初级中学的食堂。乡镇初级中学食堂的规模完全能够承载额外一个乡镇一个年级全部学生的伙食。

（四）人员调度

调动全区地理教师来配合学校的研学旅行实施。我初步计算了一下，岚山区八个乡镇（街道），共计七十四名地理教师，在岚山区教育局的支持下，每次征调（本校必须参加）十多名教师参与研学，应该问题不大。另外，一个乡镇进行一天，一周内完成一次全区规模的有关茶的研学，难度也不大。

（五）与社会协作

为推进我区茶叶产业的发展，在茶场品茶和进行茶艺表演时，每个学生

可以公益性地交少许费用，让茶场景区乐意为我们的研学开放。这一方面，我们可以去跟岚山区文化和旅游局联系，以寻求帮助。

如果此项目成功，获得专家认可，在全省作为案例推广，就可以借此宣传岚山，为岚山带来效益。

农耕文化蕴含丰富的德育元素和劳动教育元素，构建具有农耕文化特点的研学实践课程并不断优化，才能让学生真正走出课堂，在研学旅行实践活动中深化对农耕文化的认识，将各学科知识融会贯通，运用到实际中去，全面提升核心素养。

如何开展乡土研学，提升学生核心素养

——在重庆市黔江区教育干部培训大会上的讲话

很高兴来到美丽的黔江，与大家共同交流有关研学旅行的话题。美丽的黔江，承"丹兴厚土"千年古韵，民俗风情异彩纷呈，绿水青山如诗如画。走进黔江，群山起伏，溪河纵横。上善濡水，清新黔江，美、悦、心醉！

君在河西我在东，山海相守，日黔友谊由来久。

日照，因"日出，初光先照"而得名，因蓝天、碧海、金沙滩的宜人风光而享誉世界。这座美丽的海滨小城，空气清新，生态宜人，从而将一种生活，署名日照。

日照城南，有个叫作岚山的工业重镇，正以"黄海明珠，钢铁新城"的强势姿态，在世人面前书写它的姿容！而我，便来自那里。今天，就让我带领大家走近岚山，以乡土研学的方式，去品一种叫作岚山的味道。

大多数人都觉得研学旅行是国家教育部门倡导的教育新理念，是一种新的学习方式，会跟随社会上的热潮潮起潮落。而我们却想知道研学旅行究竟是怎么一回事，想探究研学旅行的本质是什么、基本原理是什么，想摸索怎样才能将其与当下的教育教学有机结合起来，发挥其应有的作用和价值。

于是，就有了致力于提升学生核心素养的乡土研学。

日照市岚山区乡土研学旅行自2018年开始，由我带领全区地理教师参与到这一课程的开发和实施中，迄今为止，我们已完成了《波涌千年石，山海画廊情——多岛海乡土资源开发》《赏田园风情，品山海茶香——岚山百里绿茶长廊资源开发》两个成功案例，并将《日照绿茶》纳入山东省研学教材中。2020年到2021年，我们将继续对岚山的自然及人文资源进行整合开发，编写

《研学岚山》，让乡土研学旅行，在岚山全面开展。

下面，我就什么是研学旅行、为什么要开展研学旅行、山东省地理研学旅行开展历程、研学旅行课程的编写、怎样开展研学旅行五个方面与大家分享我们所走过的历程。

一、什么是研学旅行

（一）概念

研学旅行是学校根据区域特色、学生年龄特点和各学科教学内容需要，组织学生通过集体旅行、集中食宿的方式走出校园，在与平常不同的学习生活中拓宽视野、丰富知识，增强对自然和文化的亲近感，加深对集体生活方式和社会公共道德的体验。

（二）意义

研学旅行继承和发展了我国"读万卷书，行万里路"的教育理念和人文精神，成为素质教育的新内容和新形式，有助于提升中小学生的自理能力、创新能力和实践能力。

（三）现状

目前，研学已成为一种趋势。2014年12月16日，在全国研学旅行试点工作推进会上，时任教育部基础教育一司司长的王定华在讲话中再次强调积极开展研学旅行的方向是正确的，开展研学旅行具有重要意义。

2017年，为贯彻2016年教育部等11部门印发的《关于推进中小学生研学旅行的意见》的精神，落实立德树人的根本任务，帮助中小学生了解国情、开阔眼界、增长知识，培养中小学生爱国情感，着力提高中小学生社会责任感、创新精神和实践能力，"十三五"期间，教育部利用中央专项彩票公益金支持建设中小学生研学旅行实践教育基（营）地，广泛开展中小学生研学实践教育活动。

相关数据显示，我国研学旅行人次自2014年后迅速增长，境内研学人数由最初的140万增长至2017年的340万，境外研学人数则由2014年的35万增长至 85 万。研学教育在素质教育中所占比重逐渐增大,研学旅行成为一种新的趋势。

二、为什么要开展研学旅行

2018 年初,山东省教育厅发布了《关于公布第一批全省中小学生研学实践教育基地名单的通知》,要求各中小学把研学实践纳入学校教育教学计划。

山东省教育厅发布的《关于启用"行走齐鲁"研学实践教育活动系统和微信公众号的通知》,要求将山东省研学旅行实践活动系统和微信公众号"行走齐鲁"作为山东省研学旅行工作的服务和管理平台,平台数据将纳入学生的综合素质评价。

这些要求,我们必须做到!

研学旅行课程将学科课程内容与课外真实情景连接,帮助学生将所学学科知识内化于心,构建自身认知结构,并在相关主题研学活动中将理论与现实对照,发现理论的不足,利用现实的感受和经验去补充所学理论。此外,学生在自然中探索,在社会中实践,在活动中学习,可以获取课堂学习所缺失的真实情景体验,从而升华所学学科的知识内容,进而达到对课堂知识的反思、巩固、运用和超越。

总之,研学旅行实践课程注重在生活中教育、在自然中教育、在社会中教育,主张教育教学贴近学生生活,在发展学生核心素养、落实教育立德树人的方面,其作用是其他任何学科无法代替的,这便是我们开展研学旅行的原因。

三、山东省地理研学旅行开展历程

(一)山东省首届地理研学旅行项目推进会

"要么旅行,要么读书,身体和灵魂,必须有一个在路上"。2018 年 4 月,山东省首届地理研学旅行项目推进会在滨州市西纸坊——黄河古村落研学基地召开。一群心怀梦想的地理教师,在山东省教育科学研究院地理教研员甄鸿启老师的带领下,拉开了地理研学的序幕,而我正是其中的一员。

在研学的这几天里，数千人聚在一起，浩浩荡荡，一天行走数万步，那场面可谓壮观！在黄河岸边测海拔、辨岩石，在魏氏庄园观深宅大院、寻历史风云，这种实地考察，与单纯的研读课本是截然不同的，我们的感受尚且如此，更何况孩子！

在大多数人面对研学还在踌躇之时，我们已经出发，并且已有所收获！

只是，任何一种改革都需要经历阵痛、经受失败。失败不可怕，可怕的是遇到失败就放弃。所以，我们必须要有不怕失败的决心和敢于承担责任的勇气，只有这样才能真正改革，才能让自己进入能够摘取胜利果实的行列。否则，只能永远在场外当看客！

那些在别人还在观望时就已上路的前行者，为我们做出了表率！

（二）山东省第二届基于地理实践力研学旅行研讨会

2018 年 12 月 18 到 21 日，山东省第二届基于地理实践力研学旅行研讨会在烟台龙口举行。这次会议，组委会邀请了姜迎春和罗春两位走在全国研学最前列的老师。如果说第一届研学会议以基地为会场，用行走的方式为研学旅行拉开序幕，那么第二届研学会议则是一场展现丰硕成果的精彩盛宴——有专家理论的引导，更有成功案例的分享！

这次研讨，从概念到政策都有涉及，甚至还有教我们如何将研学所见变为文字的讲座，这让喜欢文字的我很是惊喜。当时，我，还有烟台的一位教师，我们同是作家协会会员、中国作家网和红袖添香网站签约作家，我们因文学与旅行结识，在会后相谈甚欢。

没想到，参加的虽是地理研学，但在写作方面竟也有所收获。

这是我当时的记录："我很惊喜，参加的是地理研学，竟听到了一场有关如何写作的报告。我一直认为，会写的人，未必会说，会说的人，未必会写，诸多大家便是如此。所以这场报告，或许正如甄老师所说的，听起来似乎让人失望，因为没有传授什么秘诀，但又让人沉浸其中。

"徐明祥教授做的报告是《转化为文字的美》，他给我们展现了不少关于地理旅行的风景描写，如俊青的《秋色赋》，张炜的《我跋涉的莽野》等。

老先生轻轻地诵读，普通话有点蹩脚，但饱含深情。我静静地聆听他的诵读，仿佛置身其中，感受到那丝丝秋风的凉意……这是一种自然流畅的美，无须累赘的解说，便可直达心底。这样的文章让我喜欢，远胜于那些被华丽辞藻堆砌起来的美文。

"喜欢这样的旅行，靠着车窗，看窗外流动的风景像一幅铺开的画卷不断展开，从山地到丘陵再到平原，起起伏伏，残雪点点，苍茫而寂寥。灰蒙蒙的天空下，巨大的风车悠闲地转着，夕阳拨开层层尘埃，努力地将天空晕染。我静默地看着窗外这流动的画卷，看到红瓦泥墙掩映在纵横交错的枝丫下，看到崎岖的小道在山间田野蜿蜒向远方，看到袅袅炊烟飘向天空，看到几处墓地里的坟头密密匝匝地互相拥挤……

"我有点恍惚。从冬的寂寥里，我想象着夏日的繁茂与激昂，青山苍翠，绿树成荫；我想象着秋日的繁华，枝头结满硕果；我想象着春日的色彩斑斓……春仿佛还在昨日，我还没能从那满地二月兰的震撼里走出，就忽然迎来了冬！岁月流逝，就如忽然丛生的白发……

"生命是一条单程的长途旅行，每次坐在车上，靠着窗，看窗外不断掠过的风景，我就有种仿佛自己一直在旅行的感觉。生命如流水，从未停歇。我承认，我喜欢这种人在车上，车在行驶，依窗静守的感觉。

"我看见崎岖的小径、广袤的田野、矗立的铁塔、交错纵横的立交桥……但最触动我的，还是那裸露的山石，以及山顶石峰里挺立的树。苍穹下，山石无语，树亦静默。这一刻，记忆停止，我的双眼只痴痴地盯着窗外，不愁不忧，不喜不悲，仿佛所有的一切都已远离，只剩一个单单的我，在单单地行走着。"

（摘自我的研学日记）

我很庆幸我有随手记录的习惯，因为有这习惯，所以在整理这篇报告的时候，我可以重新翻阅我曾经的记录，来还原这几次会议的场景，理顺我的思路。若我们光研不记，随着时间的流逝，再深刻的感悟也会随风而去、不留痕迹。所以，研学旅行在需要我们亲身体验的同时，还需要我们用文字记录，我们不仅要自己会写，还要培养学生写的能力。

事实上，开展研学，我们面临的阻力也很大。我们总是习惯循规蹈矩，用各种各样的理由来排斥新事物，将自己困在一个圈子里，做着重复的工作而不求创新……

而对于研学，我们总说"学生的安全如何保证啊""我们是农村学校，家长哪里舍得花钱"，等等。你有政策，我有不做的理由。

总之，我们就是害怕去改变，我们习惯了按部就班，缺乏敢于尝试创新的勇气。

两次学习，对我的触动很大。当时我就想，我们是否也可以因地制宜，发展我们的乡土研学？特别是四川的罗春老师分享的《基于天府文化跨学科主题式研学旅行》的案例，给我触动最大。让我感受最深的不是他的案例做得如何完美精致，而是他作为一名地理教师的那份让我敬佩的激情。

事实上，很多时候，很多变革，我们缺乏的就是这份激情与敢于改变的勇气！

（三）山东省初中地理学科德育课程一体化暨第三届项目式研学现场会议

一年一轮回，2019年4月16日到19日，山东省初中地理学科德育课程一体化暨第三届项目式研学现场会议在临沂国家中印科技国际创新园举行。我们走进郯城大断裂带，体验一步万年的研学旅行，再一次近距离体会到了研学的魅力。

在第三届研学会议上，山东省地理学会副理事长张祖陆教授做了关于《沂蒙山区研学旅行》的报告。我在当天的日记里是这样记录的："张教授的讲授很接地气，但深入人心，将目前研学中存在的问题直言点出。研为学，研学应结合实际，方能有所成效。个人认为，那些探索地质构造的研学，交给高中和大学；那些参观红色基地的研学，交给语文和历史。小学、初中的研学要根据实际情况来设置。在中学阶段，因地制宜发展农业是重点内容，让孩子走进自然，将农作物生长与光照、水分、土壤、地形结合起来，在这过程中，各种素养自然养成。"在这场报告里，我做乡土研学的很多想法都得到了认可。研学，必须要考虑到孩子、家长的接受能力，要结合实际，将学习知识和培养素质真正结合！

（四）山东省初中地理学科特色课堂暨第四届研学课程专题研讨会

2019 年 7 月 21 日，山东省初中地理学科特色课堂暨第四届研学课程专题研讨会在中印科技园举行。

四天的会议，日程安排得满满的，就连晚上也是。每天一个主题，每晚都在讨论。让我印象最深的就是对特色课堂的讨论，那一晚，我们争得脸红脖子粗，一直到夜里 11 点才各自散去。对于特色课堂的想法，当时我的发言如下："开展特色课堂的目的不是追求特色，而是让课堂更贴近生活。将教师自身优势充分利用起来，让接受知识对学生而言更自然。特色并非与传统相对，特色课堂最大的特点便是重新审视自己，把教师自身优势融合进去，让课堂更精致。特色并非就一定影响成绩，特色不过是用一种更灵活的方式，更深层次地挖掘地理的核心与内涵。初中阶段，有创新思路的教师，不会教条式地教育学生，而是会尝试对现有课程进行整合或者分解，寻找最好的教学思路、最适合学生的教学方法，尽可能让所有学生都能听懂学会，都能体验成功的喜悦。"

用开放代替封闭，用主动体验代替被动接受，这是一种创新，亦是一种回归，回归到教育最真实的状态。

（五）参与研学及课程开发的感悟与收获

四届研学会议，从理论到实践，再回到山东省研学课程开发，历经三年。这三年，是身体和灵魂同行的三年，研学旅行的神秘面纱被揭开，我们真正明白了开展研学旅行的意义。

第一，研学旅行能使"读万卷书"与"行万里路"完美结合。

第二，研学旅行能将课内和课外打通，让理论与实践"见面"。

第三，研学旅行能将不同学科"串联"或"并联"，让你的世界更精彩。

第四，研学旅行能让你脑洞大开，开始"浮想联翩"。

第五，研学旅行能让你懂得健康、合作、责任、沟通和协调的分量。（引自甄鸿启老师语。）

我们创建了全省研学项目开发群：齐鲁研学家研发团队群。群友们每天都在群里讨论分享各地成功的研学案例，吐槽各自的困惑，彼此互相解答。"不是我们过于执着，而是你值得"，这句话甄老师在数次会议上说过。最初的时候，我只把它当作一句诗，局外人去读，感受到的也许只是甄老师的诗人情怀。今天，当我们自己也参与到这项事业中时，再提起这句话，感触却截然不同了。

一群"疯子"，在努力地想以一己之力，影响和改变目前的教育。因为有信心，所以斗志昂扬。我们想让大自然成为真正的课堂，让我们的孩子学得开心，学得轻松，学得有实效，学得有意义……

曾经，我们是每天教课，几乎与世隔绝的教师；现在，我们开始学着与外界联系。为了了解山水风光，我们化身旅行者、苦行僧，用脚步丈量大地；我们变成交际者，与相关部门联系；我们变成"诗人"，咬文嚼字……

再回首，不是我们过于执着，而是我们值得。

（六）黔江之行

生命是一场单向的旅程，就如我现在正在进行的黔江之行，我亦将它当作一场研学旅行。既然是研学，就需要带着学习任务去旅行，内敛而虔诚。

我要学习的地方很多。我想走进黔江，记录这座美丽的城市，感受自然风景和民俗文化，用地理人的眼睛来阅读黔江，在日黔文化的碰撞交流中，当一个传播者和吸收者。

三个月的时间不长，但必会成为我生命中最浓墨重彩的记忆。

有一种幸福，叫身在黔江……

四、研学旅行课程的编写

我们的研学无处不在。

如何让研学旅行的美梦成真呢？在甄鸿启老师的带领下，我们自 2019 年起就开始进行《研学旅行走山东》课程的编写，而我，有幸成为《日照篇》

的执笔者，参与了《研学旅行走山东》的全程编写。

研学课程的编写包含四个方面：研学路线、研学课程、研学活动纪律、研学评价体系。

在《日照篇》的编写中，我们选取了最能代表日照这座城市的两个点展开叙述，一个是日照的绿茶，另一个是有日照城市会客厅之称的万平口海滨风景区。

我们的目的就是通过编写乡土资源课程，让学生从"读懂家乡"中汲取人文底蕴，培养家国情怀；从"建设家乡"中培养创新意识和科学精神；从"服务家乡"中领悟责任意识和实践精神。

教材编写，对文字、图片的要求都很高，不允许我们从网络上截取内容，要求无论是图片还是文字都必须是原创。为了能完成编写任务，尽快熟知这两个研学基地的情况，自 2019 年 5 月 1 日开始，我开启了研茶和研海的历程。

这期间，我与我的家人曾七次沿着日照巨峰百里绿茶长廊徒步，亲自体验采茶、炒茶的过程；了解茶的生长环境，分辨打催生药的茶叶与自然生长的茶叶的区别；检验土壤的酸碱度及成分；向茶农学习，跟品牌茶老板请教……我从一个对茶一无所知的"茶盲"，渐渐成为一名绿茶专家。

从反复走线，到研究活动设计是否合理科学、配图配文是否精美准确，我一遍遍反复修改，不断压缩再压缩，将研学内容从本来的四十多页，删减到薄薄的十页。这其中的困难难以描述——为此我曾戏言，本来我蒸的是馒头，到最后却成了米粒。

像研茶一样，为编写万平口海滨风景区的研学内容，我与日照市教研室的几位地理同行，一次次行走在万平口的各大风景区，去触摸可以感受到的文化，寻找景区与课程最合适的衔接点。在这个复制粘贴的时代，我深深感到原创的艰难。

在不断被否定，被批判，越来越没有信心的时候，继续坚持再坚持，或许就会迎来转机。我的这短短十页纸的《日照篇》研学课程，就是在这种情况下，获得专家认可的。

再回首，所有艰辛，都成为美好的铺垫。

五、怎样开展研学旅行

课程有了，该怎样开展研学旅行？好开展吗？

在编写研学教材的过程中，为了验证教材的实用性，将岚山区地理研学规范化，我还查阅了岚山区的地理及历史文化等相关资料。我与我的同事一起，将岚山区的自然与人文景观进行分类，将本土资源与学校实际相结合，设计岚山区乡土研学课程。我还带领我们的孩子走进大自然，让他们感受研学旅行的魅力。

在学习成效方面，我们将研学与中考紧密结合，利用研学促进学生对课程知识的掌握，做到研学与升学有效衔接，从而调动家长的积极性。

以岚山区为例。岚山区南有阿掖山，北有磴山，西有圣公山，黄墩镇更是群山连绵，所以，我们计划每年就近组织一次爬山的研学活动。在活动开始之前，我们将初中地理所有有关这方面的知识进行整合，如地图的使用，地形部位的判读，海拔和相对高度的测量，河流流向及水质的测量，对风向风力、植被变化、气温差别的研究，经纬度的测算……

这样，只需要爬一座山，就可以学会人教版初中地理七年级上册第一章《地球和地图》的所有知识，以及第四章《居民与聚落》里面的相关知识。既增强了学生的体质，又让学生在实践中验证所学知识，还可以培养学生的家国情怀，何乐而不为！

正是因为我们的教材符合学生实际，被家长认可，所以我们的研学才得以顺利开展。

每一次研学，根据要求，我们都先提前选点，然后精编一些达标训练，达标训练里除了有专业知识，还有外出研学必须掌握的安全及环保知识，最后再制定研学方案。研学方案拟定后，要根据学生的实际情况分批次进行研学，但这样必然会造成组织人力上的不足。因此，我们借用家委会的力量，征集志愿者，甚至还和各校联合，集中力量进行合作。事实证明，只要我们想干、去干，就一定能做好。

当然，研学的内容有很多，不仅仅是爬一座山，我们还组织学生进行了远足。总之，研学是为了更好地学习，而不是单纯的旅游，只要我们解决了这个问题，研学活动一定会得到家长们的支持。

自 2019 年 4 月起，我与我的同事们一起行走在岚山的山水之间，成功完成了多岛海研学、日照绿茶研学和磴山研学等多个研学案例。家乡如此多娇，作为一名教师，我有责任让我们的孩子了解我们的家乡，也必须让孩子们认识到家乡之美，因为爱家方能爱国。

有着千年底蕴的黔江，美得让人心颤。这里适合开发的研学资源有很多，特别是诸如风雨廊桥和小南海这样的自然景观，适合打造成国家级乃至世界级的研学基地，在培养孩子的同时，也带动我们的经济发展。

让我们共同携手，为黔江研学资源开发共同努力，让黔江的孩子，走进大自然，感受开放课堂的魅力。

希望有一天，岚山的孩子能到黔江来研学，而岚山也会敞开大海的怀抱，等着您的到来……

2020 年 6 月 5 日

第三篇

做教育生活的记录者

雪宇日记

第一章
在阅读中求知，在反思中成长

愿我的花朵，在我的教室里，灿烂盛开

——读《第 56 号教室的奇迹》札记

1

在学校一百多名女教师之中，我向来有好读书之名。但这所谓的名声却有点名不副实，事实上，我书读得并不多，只是因为与别人的快读不同，我读书很慢，而且每读一本书，都习惯写下几篇读书笔记。读得少，写得倒不少，于是就给别人带来了读书很多的印象。

作为一名还算有点名气的教师，我常常感慨自己每天的操劳与疲惫。白日里，我大部分时间都在上课、备课、与学生交流谈话；业余时间，我努力做家务、照顾父母、陪伴孩子；只有少数夜晚，我才有独属于自己的读书时间。于是，在这少有的时间里，我习惯慢慢地读一本书，像是咀嚼一样，这次读了，下次再读的时候，如果忘了，就再回来重读，如此反复。

我享受这种缓慢阅读的过程，安静而祥和。

我努力着，我的阅读虽慢，但始终坚持。

《第 56 号教室的奇迹》，在 2018 年的春季，来到我的床头。这本书，或许我会用半年甚至是一年的时间来阅读，我不急。

2

是的，我不急。

《第56号教室的奇迹》，作者是美国的雷夫·艾斯奎斯。在读此书之前，因为对其比较陌生，所以我先上网搜集了他的背景资料。

说实话，我很少去读那些纯粹的教育理论方面的书，甚至有点反感所谓的"没有教不好的学生，只有不会教的教师"等诸如此类的理论。好在这本书不是专著，而是故事书。

是的，我对这本书的定位，就是故事书，是由一个个鲜活的故事组成的。每一个小故事就发生在我们身边，就在那个不算很大的教室里，每一个场景都是真实的。还未阅读，只查阅了雷夫的简介，我的眼前就浮现出了56号教室里的情景：一群快乐的孩子与一个快乐的教师，在一个空间有限的教室里，创造着一个又一个的奇迹……

我们需要这样纯粹的教育，纯粹只从爱的角度出发，关注每一个学生，走进他们的世界。教育的根本，就是一个"因材施教"的问题。我们要了解我们的学生，站在他们的角度思考，用心去爱，去陪伴他们成长。

这么简单的道理，有时候实践起来却很难。

我倒有点羡慕雷夫老师了，他可以拥有自己的教室，坚持自己的本心，不受那些外来规则的束缚，用自己认可的方式自由地去教育自己的学生。我们是否也能做到？

3

"我清醒地知道自己并没有超越常人之处……有时候觉得当老师真是一件痛苦的事情。"说来真是奇怪，我竟然揪着这本书的自序《教室里的火》看了数遍，我是否有点"疯"了？这篇自序像是在与我对话一样，我特别喜欢这样的开始，而不是一开场就大篇大篇地讲道理，那种高高在上的论调让人讨厌。

之所以有这样的想法，是因为我同为教师，教了这么多年的学，感觉自己越来越趋于简单，越来越想脚踏实地，越来越深悟冷暖自知的道理。

我们的教学本就是一个小小的圈子：一群学生，几个教师，某个时间段的一段历程……教室里的所有点滴，都需要我们用心去关注。在这里，我们年复一年，用爱去浇灌一草一木，或许在无意之中，就能收获丰硕的成果。

功利，求者未果，不求，反而会得。

这其实是一个大境界，可惜好多人就是不明白。好多人虽然明白，却还是不得不身陷于对功利的争夺之中。

我们总是缺乏一种静下心来做事的耐心和决心，我们总是浮躁着，致使我们的教育也变得浮躁，趋于功利。

什么才是真正的卓越？是长久百年的延续，还是昙花一现的美丽？

我们中的好多人，都在追求昙花一现的美丽，为了追求一时的功利，甘愿透支未来。我们该反思！

4

"不过是因为一时的心软，所以决定停下脚步去等候一个孩子。"在专注等候的过程中，作者真正感悟到了"全心全意"的含义，于是他也全心全意地付出与工作。

如此全心全意地工作，怎么能做不好呢？

如果我们能够全心全意地对待我们的工作，怎会做得不够精细呢？

如果我们能全心全意地对待我们的学生，走进学生的心里，怎会不被学生所接纳与认可呢？

只是这道理说起来容易，做起来难。我们的全心全意，要建立在不同学科和不同同事的共同配合协作下；我们的"特立独行"，还要建立在学校领导的支持下；而最难的是对于学生的管理，要建立在学生各种各样的家庭教育背景下……

一个人的战斗很难，因为在这一过程中，必须要付出超越常人的努力。如果没有强大的决心与毅力，学生这朵摇曳的花，往往会被扼杀在摇篮里。

除非你拥有自己的教室，或者说，你拥有自己画圈画圆的权利。所以，我们需要团队的力量，需要强有力的后盾，更需要始终如一的坚持。

5

在读了数天之后，我才结束了对《第56号教室的奇迹》自序部分的咀嚼，开始了对第一章的阅读，我在继续。

"以信任取代恐惧""做孩子可靠的肩膀"……这些寻常的故事就在我们身边时刻上演。一个个鲜活的例子，一幕幕上映，读来就如我自己亲身经历过一般。于是，我会心地微笑，反复地咀嚼，认真思考这些简单却十分周全的教育方式的可借鉴之处。

不同的学生，就是不同的花朵！我们需要的是静下心来研究我们自己的学生、自己的教师，我们需要的是耕耘自己的土地，而不是单纯的借种和移植！

我的阅读在继续。

我享受这种缓慢阅读、咀嚼吸收的过程。在我的土地上，生长的只能是我自己培育的花。

愿我的花朵，在我的教室里，灿烂盛开。

掬一捧清泉入口，携一路书香醉心

——读《课堂大问题》有感

再读《课堂大问题》，反复咀嚼开头的那句"如果说课堂是一张琴，那么教师就是那唯一的弹奏者"，如掬一捧清泉入口，甘洌润泽；节节细读，从课堂应该教什么，到课堂教学怎么教，再到课堂教学谁做主，一路书香为读而醉，满腔顿悟为教而痴。

琴声响起，让课堂宛如一首曲，或优雅悦耳，或铿锵激昂。

1

当今的课堂存在诸多问题，或"开放过度"，或"评价滥用失真"，或"合作流于形式"，或"照本宣科"……这些问题，是导致课堂低效的关键所在。如何有效地解决这些问题呢？那就必须让课堂教学回归原点。

怎样才能"让课堂教学回归原点"？其真谛便是"一切从学生出发"。学无常规，教无定法，我们必须明白，任何时候，我们的教都是为了学生的学，所以，只要是适合学生的，就是最好的。不同的课型，不同的知识，唯有灵活地采用不同的方式处理，从学生的角度去思考，全方位地把握教材、研究学生，应学生而动、应问题而变，才能让课堂焕发生机、充满情趣。

2

课堂教什么，是课堂的主旋律。课本是依据,但"用教材教,绝不是教教材"，应"立足教材，又要超越教材"。如何做到这一点呢？这就要求我们的教师必须充分研究教材、吃透教材，灵活运用教材。

这就像读一本书，要细细品读，而不是简单地去背。我喜欢读书，但很少去背书，特别是对于一些专著理论，我喜欢反复地读，细细地嚼，直到将书中的一些观念理论吃透，转化为自己的东西。在我的观念里，好多专家的东西虽好，但在不同的情境中却未必实用，实效才是最重要的。我们的教学也一样，那么多好的教学模式，我们可以学习，但不能照搬照抄，即便是选择了一种固定的模式，也应该是弹性的、有活力的。

目前，我校正开展有关有效课堂课题的研讨。个人认为，我们的课题研讨，最初就应从如何处理教材入手。面对一本教材，从头研讨，变换顺序，整理语言，删枝去叶，不断磨炼，以求最好。作为课题实施者，从最初就应走进课堂，与参研者一同研讨，一起"走完"一本教材，如此积累，自会厚积薄发，有效的课堂也会在千百次的"磨课"中成型。

3

常读一些文人文章，说什么爱书成痴，学古人读书之前必先沐浴焚香，总觉得这实在是矫揉造作！我认为读书应不拘地点，不拘时间，不拘方式，客厅也好，卧室也罢；站着也好，蹲着也可；早晨读可以，晚上看也不错，只要愿意。《课堂大问题》一书被我放于沙发一侧，想读的时候就拿起来随手翻阅，甚至如厕的时候，捎着也是常事。读它，一节一节，像掬一捧清泉入口，只为让心清澈明了。

正如读书，课堂教学也不要太注重表面形式。怎样去教，在于学生。从学生出发，别让"探究"泛滥，别让"掌声"泛滥，别把课堂炖成一锅烂粥，糊了学生心窍。

唯有适合的，才是最好的。以有效为目的，让课堂趋于简约，趋于明了。教师应像研讨教材一样研究每一个学生，从学生的角度出发，策划创设出服务于学科知识、服务于教学的有效情境。

这就需要教师用心学习，一遍又一遍地"反刍"自己的课堂环节，去打磨，去调整，去寻找适合自己也适合学生的课堂风格。

4

在反复阅读《课堂大问题》数遍之后，从最初的欣喜到现在的越来越平淡，我知道，我已经读"够"了。

是的，够了。放下书，我似乎什么也没有学到，因为我依然背不下书里的名家名言，但我又感觉领悟了很多，通过阅读，我知道了我的课堂存在的问题，这就足够了。是的，够了，我已经读到了忘却，读到了融化的地步，我知道这也是一种读书的境界。

在一路书香中浸润久了，总会让自身融入其中，心醉而不知。

2012 年 3 月 23 日

读《课堂大问题》有感（外一篇）

自问读书不少，但读的教育专著却不多，原因是不太喜欢那些高深的理论。我总认为，对我而言，教育最重要的还是要符合实际，理论再好，也不过是纸上的东西。

《课堂大问题》或许不是什么专著，但也算是一部有关教育的书吧。最初，对于学校布置阅读的这本书，我不以为意，但当我仅简单读完此书的序言时，却对其再难割舍了。此书好也，好在它实实在在。

序言中列举了当今课堂存在的诸多问题，诸如开放过度、评价失真、流于形式等，这正是日常教学中常见的问题。也正因为它们的普遍存在，导致我们目前无法构建高效课堂。

怎样才能构建高效课堂呢？事实上，至少有百分之九十的教师都知道如何做，只是知道了却未必去做，因为做起来需要付出太多、承受太多。

教育是发展的，理论也在不断更替。记得十年前，我们提出了目标教学法，那一阵子，只要一讲课，每个教师都会拎来一块小黑板，先在黑板上将所讲章节的学习目标投放出，包括识记、技能以及情感目标等。进了教室，教师先让学生读一下目标，让学生做到心中有数，然后一个个地去解决。这模式盛行了很久，而后渐渐偃旗息鼓。之后，就到了多媒体盛行的时期，那时几乎所有的课都成了"优质课"，动画、图片一起上，上得就像唱大戏，越热闹越好，不热闹就是没有调动学生的积极性。后来，又开始分小组讨论了，讨论分多种，有分组讨论、集体讨论；"1+1"需要讨论，"100-70"也需要讨论，什么都需要讨论，讨论像洪水一样在我们的课堂泛滥了。

但效果呢？无论是目标教学，还是研讨式教学，我们不过都是为了构建一个高效的课堂，但"高效"了这么多年，我们似乎还在原地打转，作业还是那么多，学生还是那么累……课堂教学实现高效怎么就这么难？

我们有些教师，太过于追求形式。简单的一堂课，又是表演，又是播放视频，又是讨论，再加上引导学生鼓掌等，热闹得像是开联欢会，花里胡哨得让学生忘记了该掌握的知识。课堂就是课堂，别把课堂当舞台，让课堂精练些吧！

与上述教师恰好相反，我们还有一些教师从不去研究教材、研究学生，而是抱着一本教学参考书，只知道照本宣科。须知道，教师有的教参，学生都能有，甚至更齐全。教师在上面读，读得似乎神采飞扬，学生在下面看，感到百无聊赖。如果一个教师不能让学生信服，他的课堂何来实效？

课堂能否实现高效，归根结底，就在于教师是否用心。对于学生而言，我们应该做的就是把握他们的肚量，了解他们接受和存放知识的能力。学生之间的个性差异很大，这就如养不同的花草一样，喜水的要多浇水，好肥的要多施肥，应摸透心性、分类着色。分类的思想应该渗透在教育的每一个过程之中，如分类课堂、分类作业等。分类并非歧视，而是个性的体现，是一种扬长避短式的教育，它可以让不同的学生在自己擅长的领域里获取成功的喜悦。对于教师自己而言，要有一份爱心、一份执着。爱学生是教师的基本原则，一个没有爱心的教师，即便他有再高的专业素养，也不会教出优秀的学生。教育也是一份事业，一个教师如果没有将教育当作事业来做的那份执着，就不可能去用心教育；没有用心的课堂，又怎么能够培养出栋梁之材？

用心去做，设身处地地去做，以学生的视角精心研究教材，一切都从学生出发。不必去苛求某种固定的模式，因为教无定法，即便是同一学科，因为内容有所不同，被授课的学生不同，需要采用的方式也不相同。不必去追寻什么花样，剔除一切可以剔除的东西，让教育回归朴素，返璞归真，显示出它本来的样子。

只要用心，只要有爱心，只要把教育作为一项事业去做，只要做到心中有学生，每一个教师，都可以成为名师；每一个教师，都可以成为教育家，我们的课堂也会真正变得高效。

让我们的课堂优美起来

——《我的叔叔于勒》听课札记

1

"多少年了，听过了太多的课，但我从来没有像现在这样，竟像个学生一样，完全融进课堂里……"

"我的眼睛里有泪，泪眼里，我仿佛又回到了二十年前。在那个青春激扬的日子里，我也像现在这样坐在教室里，听我的老师动情地讲《我的叔叔于勒》。所不同的是，那个时候，老师强调的是万恶的资本主义导致人性扭曲，听得当时的我们群情激愤，而现在，我听到的是另外一种全新的解释，是对人性更深层次的挖掘，我想，这才是贴近原文的更真实的一种解释吧。"

"语文课就应该这样上，解开心灵的桎梏，放开手脚，全心全意地去感悟语文，让课堂成为艺术的殿堂，让学生品味文字的魅力。"

2

上面这些零碎的语句，摘自我的听课笔记。2011 年 10 月 26 日，在学校大会议室，我听了王晓磊老师的一堂课，感到十分震撼。说实话，这些年，我听过的语文课很多，唯有这一堂课给我的印象最深，它开启了我学生时代的回忆，让我重新体验了一次做学生的感觉。

在我的记忆中，对我影响最深的有两位语文老师，一位是我初中时期的老师纪老师，他的普通话很好，每次上课都妙语连珠，让我们沉浸其中，即便是一堂议论文课，他都能上得精彩纷呈。那个时候的我们，对语文课有瘾，每天都盼着上语文课，而王老师的这堂课，就让我找回了这种感觉。

另一位是我高中时期的一位陈姓老师，她后来调往青岛了。那是一位举止高贵典雅的女老师，上她的课，简直就是一种享受，我们仿佛徜徉在文学的海洋里，如痴如醉。陈老师有着深厚的文学底蕴，常常为我们诵读她自己的文章，让我们触摸文学，感受语言文字的魅力。多年前，《我的叔叔于勒》就是陈老师给我们上的。同一堂课，相隔二十年，一样的激情飞扬，一样的记忆深刻，所不同的是，重新跟随王老师品读这篇课文，我又有了新的感悟，对小说中的菲利普夫妇有了全新的认识……

3

在这堂课上，从世态炎凉、亲情淡漠的背后，我读到了一丝无奈与哀伤。人到中年，再无少年的轻狂，更多的是对人世沧桑、世间百态的理解与宽容。王老师对课本挖掘得比较深刻，对很多细节都有自己独特的见解，给学生留出了很大的思考空间。

感谢王老师的课，让我重新念起我的恩师们；感谢王老师的课，让我重新感悟名著的魅力，从而诱发重读名著的愿望。这一堂课，他教得精致，学生学得精彩，充分展现了一名语文老师的学科素养。有这样的老师，他的学生必将终身受益。

（本文于 2012 年 4 月发表于《日照教研》）

为了花开后的芳香

——我的 2012 年远程研修总结

为了花开后的芳香，我们行走在研修路上。

——题记

为期六天的研修就要结束了。老公说："快结束吧，如果再不结束，你也快撑不住了。"我想也是。回顾这六天的忙碌，再看看镜中头发蓬乱、脸色蜡黄、满眼血丝的自己，我咂咂嘴，摸摸一直酸疼的颈椎，真的有种快要崩溃的感觉。六天的研修，最直接的感受，就是一个"累"字。

1

因为是第一次当指导老师，我对课程简报的制作并不了解。最初的一天，在看课程简报时，我感觉美极了，但那时我连那是怎么制作的都不知道。编辑好了文档发上去，图片和文字也都是分开的，真是郁闷。为了能够办一期像样的简报，我四处拜师学艺，从最初知道了如何转换，到后来学会排版，再到后来会上传音乐和超级链接，每学一点，我都欣喜若狂，可以说，为制作简报，我几近疯狂。

好在有数年在学校办公室编辑周报的经验，我知道，一期好的简报，不仅要内容翔实，更要有实效。正像我们的教学，光有理论不行，还需要与生活相联系，要想让老师们喜欢看，就要让他们成为主角。于是，每天我都熬夜到十一点多甚至十二点，搜集本班所有老师被推荐或者发表过的文字，哪怕只有一句话，也不遗漏，只要有可能，就让他们都登上"光荣榜"。

精美的画面，再加上极具实效的内容，我可以自豪地说，我编的简报，无论是内容还是质量，都渐趋一流。有例为证：我们班级的简报，自第四期开始，期期都被山东省远程研修《指导教师工作简报》推荐！

从《我们都还在路上》开始，到《携一路花香》，从《赏风雨彩虹》到《蝶舞满园》，我累并收获着。为了花开后的芳香，苦又何妨？

2

做简报累，点评更累。在写这篇总结的时候，我的搭档李宜涛老师正在一刻不停地做着这项工作。我们分工虽不同，但都是为了一个共同的目标：带好我们的班级。为此，他付出的或许比我更多。

最初，因为见了那么多抄袭的作业，我很是气愤，有种想撂挑子的感觉。李老师说："学生之间有差异，老师之间也是有差异的。我们不能要求所有的老师都优秀，但我们可以尽可能地让所有的老师都有进步。"一语惊醒梦中人，我开始带着欣赏的眼光看老师们的作业，哪怕那作业是拼凑的，我也力求从里面寻找到一句属于那位老师的个人观点。我欣喜于他们的一点点进步，也希望自己的点评能给予他们温暖与鼓励。

我是多么感谢我们班级里那些努力与优秀的老师，从他们的身上，我看到了希望。我仿佛听到花开的声音，响彻齐鲁大地的每一个角落！

3

没有付出，就没有收获，研修是苦，但苦中亦有乐。看着班里老师对我的真诚问候（日照市岚山区安东卫街道第一初级中学郭丽："成老师，我们为你喝彩，我们为你骄傲！你的才华、敬业精神都是我们学习的榜样。成老师辛苦了！"），我的内心便仿佛有一股清凉流过。须知道，在这个炎热的夏天，一声问候，胜过清风！

因为我们付出了，所以我们有收获。从对新课标的研读到对课程内容的理解与教学，从对地理教学的建议到对地理课堂的教学评价，专家对于各个专题的讲解为我们打开了一扇扇窗。赏析优秀学员的作业，让思想的火花碰撞，让梦想飞扬！

为了花开后的芳香，我们行走在研修路上，勘破乾坤之妙趣，识见天地之文章……

██ 第二章
化认知为实践，步履坚而致远

朴素教育

1

再一次说到朴素教育这个话题，是在一次地理课后与我的一群小师妹的交流点评中。师妹也不小了，满头的白发比我的还多，这让我有点恍惚，恍若昨日的昨日，师妹还是那样的年轻活力，而我也一直在这群师妹面前，扮演着"大姐大"的角色……

师妹的白发，让我忽然感慨万分。我们都不再年轻，但我们都还在努力，几十年如一日。

课是师妹讲的，她很认真。听她说，为了今天的课，她昨晚很晚才睡，一直都在做课件。我了解师妹的性情，她是一位很认真且很守规矩的老师，这节课是复习课，她课件做得很精细，讲得也中规中矩，让人挑不出毛病。

但或许正是因为中规中矩，才让我有了关于朴素教育的诸多思索。

2

朴素教育是十多年前，我与一位老教研室主任在交流课堂的实效性时提出的一个思路。那个时候，最时兴的是素质教育，很多老师为了显示自身素质之高，常常将批判传统挂在嘴边，仿佛只要是传统的，就是落后的。

但我一直固执地认为，无论是素质教育还是传统教育，成绩才是学校教育的核心和灵魂。素质与传统不应该是敌对的关系，素质教育不能拒绝应试教育！

真正的好老师，绝不是那些只讲素质而不管成绩的老师，因为我们的学生需要成绩！

3

在我们平日的课堂里，老师要教给学生运用知识处理问题的能力，而不能只是单纯地灌输给学生知识。很多时候，我们好多老师在精美课件的支配下，成了点击鼠标的木偶，课堂看着精彩，实则没有有效的内容。

我们的课件，要给学生留有思考的空间，也要给老师留有发挥的余地。一节课的最高境界不是形式精彩，而是简约、朴素与高效。

杂言杂语

1

小表舅的儿子今年在我们学校上六年级了。这是一个很聪明的孩子，小学时学习成绩一直很好，在班里一直被老师捧着惯着。上初中后，全街道的优秀学生都聚在了一起，班里有了好多竞争对手。面对强手，小表弟有了压力。我几乎每天都过去看看他，慢慢地引导他意识到自己的潜力，也看到别人的长处，从头开始，树立信心，不要将眼睛只盯着别人，而是多关注自己每天的收获。第一次考试，他数学考了 96 分，而考 100 分的他们班里有四个。我拿过他的卷子，引导他寻找导致那 4 分差距的原因，让他下一次将这个差距缩小。他跟我讲社会课和自然课的老师在课上讲了许多错误的问题（社会课和自然课的老师都不是专业老师），我就告诉他，有时候老师也不是万能的，好的学生不能只跟在老师后面，而是应该走在老师前面，如果老师讲的问题你会了，你可以继续学下面你还没有掌握的知识；对于老师的错误，你在求证之后，可以在课下找老师继续探讨。

这孩子很听我的话，渐渐地，他又重新找回了自信，在第一次月考中，他的总成绩为年级第一。为了防止他骄傲，或是将第一变成一种负担，我又告诉他，第一也存在差距，而且谁都不能保证自己永远第一。学习是一个将自己的知识不断完善的过程，是查看自己的差距、不断缩小差距的过程……

在我的认知里，一个学生，只要智力能够保证，那他能否成才，不在于老师如何教，而在于老师如何引导。我们教给学生知识，还不如培养学生的自主学习能力。

能考上清华、北大的学生，一定程度上是可遇不可求的，这得益于学生本身的良好素质还有老师的正确引导，不是单凭老师教就能教出来的。

2

对桌的同事，把她中学时在一次作文大赛中拿了全校第一的事情给我讲了无数遍，每次讲的时候，她都特别兴奋。而我也记不清有多少次把自己在高中时获得物理竞赛全校第一、化学竞赛全市第十的事迹跟多少人炫耀过了。好汉不提当年勇，但我们往往还是喜欢"不当好汉"。

想想觉得好笑，又让我略有所悟。

学生时代获得的成绩，我们总会记得特别清晰。学生时代某位老师对我们的引导，往往会影响我们的一生。

记得上初中时，我的一篇作文《菊花赋》被当时的语文老师当作范文，在全校传阅。因为这件事情，我从此迷上了写作，立志要成为作家。有很长一段时间，我不再学习，只忙于"写作"，借用父亲的话，我从此走上了"邪路"。那日偶然碰到了当年的语文老师，谈及此事，他却根本没有任何印象。我不由苦笑，如果没有那次夸耀，或许我会跟兄姐一样，考一所名牌大学，有一个更坚实的生活。

但命运就是如此，或许别人一句不经意的话，就会改变你的一生；一个不经意的选择，就会让你走向生命的另一个极端。这种易变，对于孩子来说尤甚。

所以，我总是小心谨慎地研究每个孩子的特点，让他们各尽所能。作为老师，我在这方面下的功夫，要远远多于对专业知识的研究。很多同事都问我："看你很少备课，为什么却能把学生成绩提高这么多？"我告诉他们，因为我把心思用在了如何让学生自己学上，而不是花在如何"喂"学生上。

让学生自己学，培养学生"自己吃"的能力，而不是竭尽全力地去"扒口喂"学生，这就是我所理解的素质教育的核心。其实这不仅仅解放了学生，更解放了老师。

我们都曾是学生，因为我自己走过弯路，所以我希望我的学生能在学习之路上走得更顺。

3

冬天来了。

其实我一直不太喜欢秋天。秋是一个让人浮躁的季节，满眼的金黄，到处都是炫耀的颜色。在赞美的泡沫里，人最容易迷失自己。

我希望，经我教过的孩子，在他的人生里，既能经受冬的寒冷，也能抗住秋的浮躁，坚忍而努力。

2007 年 11 月 4 日

切莫纸上谈兵

1

自今年夏天起，我参加了由日照市教研室组织的综合实践远程教育研修班，每个星期通过网络来学习综合实践活动课的理论知识。最近临近毕业，网站上正在评选百佳学员，看众人为了进军百佳而热火朝天地相互拉票的情景，我感到不解，为什么要用票数而不是实效来检验学员是否优秀呢？

综合实践活动课作为一门独立的学科，在我们这里根本没有开展过。我们目前所面临的不是理论落后的问题，而是理论根本没有应用天地的问题。

在一大片叫好声中，我看到的只有空中楼阁，这让我们不仅想到《皇帝的新装》，还想到纸上谈兵的故事。

对于教育，我们实在不应该再去大谈特谈了，我们需要的是脚踏实地的实干家。

2

综合实践远程教育研修班，自 2007 年 8 月开始，至今已开展了半年时间。在这期间，我们通过网络互相学习、研讨，对于这一门新兴学科，已经有了初步的了解。但是环顾四周，虽然我们所学的理论已经渗透在教学之中，但综合实践课程依然还没有作为一门独立的学科被设置。

我不知道全国其他地区是怎样的，至少在我们这里，还没有开设这门课程。我所组织的活动，诸如《爱我岚山》《计划人生》等，都是在我所任教的范围内组织学生参与实践的，但很多时候受限于实际情况，不能做到全面普及。

3

研修班内如火如荼的讨论，以及最近百佳学员的评选，可以说是热闹至极。作为学员中的一员，我知道自己没有学好，应该不属于百佳甚至千佳中的一员，但依然斗胆希望我们的老师学员，能够说实话，而不是只知道高声叫嚷一个"好"字，或者只是为了一个百佳的称号而费心费力。任何好的理论，如果不能实施，都只是纸上谈兵。

其实我们都知道，综合实践课程如果真的能够作为一门独立学科开展起来，在学校得到重视，的确是好事，不仅能够培养学生的创新动手能力，还可以增加学生的社会阅历，让他们关注社会、关注集体，成就他们的健全人格。

但不可否认的是，中考和高考是中学课程设置的指挥棒。我们不要抱怨我们的领导不为学生设置过多的实践锻炼机会，因为升学率的压力，他们背负的比我们的学生还要多。要想改变这种既定的格局，必须从源头上改变，即中高考的试题。

4

如何有效地把综合实践内容融进中高考，才是我们亟待解决的问题。

在学了很多理论之后，我们需要一个施展才华的舞台，让这些理论成果在学生的身上得到实践，我们需要的是实际操作。

只有不断开展实践活动，才能培养学生的创新能力。

为了我们的教育，为了国家的未来，作为教育人，我们追求的不应该是那些虚无的名利，而是切合实际的探索创新。让我们走进教育一线，通过实地调查，真正了解教育现状，因地制宜地推行我们的教育理念，让综合实践活动课从理论走向现实，遍地开花！

2008 年 1 月 13 日

后记：

2022 年，新修订的《义务教育课程方案和课程标准》优化了课程设置，将劳动、信息科技从综合实践活动课程中独立出来，明确提出要变革育人方式，突出实践，加强课程与生产劳动、社会实践的结合，充分发挥实践的独特育人功能；突出学科思想方法和探究方式的学习，加强知行合一、学思结合，倡导"做中学""用中学""创中学"；优化综合实践活动实施方式与路径，推进工程与技术实践。我们期待，总有一天，综合实践课能在各个学校遍地开花。

由一场问卷调查引发的思考

1

学校里来了一批特殊的客人，说是来进行全国中小学生心理发育项目数据收集实测的。为了迎接这群专家的到来，从下午 1 点开始，我就开始跑前跑后，因为抽测的恰好是六年级级部的 29 个学生的家庭。这项调查来自教育部的一项重大研究项目"6—15 岁中国儿童青少年心理发育特征调查"，这个项目就像经济普查、人口普查一样，是一项针对中国儿童青少年的心理普查，这也是我国目前第一项针对儿童青少年各方面发展而开展的全国性调查。该调查对学生和家长同步分离进行问卷测试，如此对照，不同家长与孩子的性格特点便一目了然。而作为实测者，通过研究数万份真实材料，也一定会从中得出相对确切的结论。

2

在接待 29 名家长并与他们进行交流的过程中，我产生了诸多感慨。

这29名家长，有渔民，也有老板，还有政府机关人员。当我与一位各方面都很优秀的学生的家长轻声聊天时，旁边一位家长大声问："老师，我不认字，怎么教好孩子？"听到她的问话，我抬头看了这位家长一眼，很明显，这是一位标准的渔家妇女，她脸的颜色是天天在海边风吹日晒而形成的青黑色，脸上沟壑很深，双手粗糙。

"不识字怎么就不可以教孩子？"我反问，"只要您有心、用心。"

"我们根本没有时间。"那位家长又说，"孩子的爸爸和我每天都在码头上打渔，只有晚上才有一点时间。"

"有晚上的时间就足够了。"我继续说，"孩子白天都在学校，不需要你们，只有晚上的时间才是你们与孩子共同的时间。你们晚上都干什么？"

"晚上吃完饭后，他爸爸去打牌，我看看电视收拾一下，就没时间了。"

"那你们可以不看电视，不打牌呀！如果你们真想关心孩子，一晚上抽出十分钟的时间，去检查孩子的作业及在校情况就足够了。"

那位家长沉默了半天，然后又说："我们也不懂，不认识字呀。"

"这好办。"我说，"我记得我小的时候，我大哥总是逃学，回家后就说所有的东西都学会了。父亲不懂，于是要来大哥的课本，从课本上抄了例题让大哥做，然后对答案，照葫芦画瓢来检查，最终把大哥制服了。其实，只要真正用心去关心孩子，抓住孩子的心理，少去过多地说教，相信你会找到各种各样的方法来管好孩子的。"

那位家长不语。旁边另一位家长插话道："老师，可是我与孩子的爸爸真的没有一点时间，孩子都是跟他爷爷一起生活的，我们就是挣钱。"

"那我问您，您挣钱是为了谁？"

"为了孩子呗。"

"既然您挣钱是为了孩子，为什么不可以分点时间给孩子？是钱重要还是孩子重要呢？"我再次问，"您是想为孩子挣出一辈子的花费，还是想培养孩子自立自强、养活自己的品格和能力呢？"

3

说到品格教育，我想到了前几日去杭州的路上遇到的一件事情，其实对此我也有很多的困惑。

事情是这样的，我们坐的旅游车车位比较窄，个头稍高的人坐在里面只能蜷着腿。坐在我女儿前面的是一位打扮时髦的女人与她的孩子，晚上，那女人把她自己的座位放平了，然后让她的孩子仰躺在上面睡觉，这样，坐在她后面的女儿几乎连直立的空间都没了。女儿后面是一位身材高大的中年男人，即便女儿不把座位向后放，他都需要直立，所以女儿根本不能后放座位。我有点看不过去，客气地要那女人注意一下后面，但那女人却不以为意，叫女儿也把座位向后放，并且还满是"关心"地告诉女儿，只有放下，睡觉才舒服。这让我很是气恼，谁不知道放下躺着舒服？我想发火，但女儿却拉着我的手，不让我说话。女儿说她可以不坐，能撑住，但还有一夜十个小时的路程呢。后面的那位中年男人也实在看不下去了，起身把女儿的座位向后放了一下，他自己则挤到一侧，像棵树一样严丝合缝地卡在两个座位之间。这让我更过意不去，但还是压抑怒火，用尽量委婉的语气再次要求女人把位子挪回去，旁边的乘客也七嘴八舌地说，那女人才很不情愿地把位子稍稍向前挪了一下，让女儿能够坐下。

这一路上，就因为座位之事，我心中一直憋闷，为女儿的善良或者说是懦弱。作为成人，我可以忍让和不争，但女儿是小孩子，她是否也必须自小学会忍让和不争呢？

后来，在服务区下车休息的时候，我才发现其实前面也有许多这样的情形。有几位男教师被前面的女人和孩子们挤着，几乎是"斜插"在座位里的，这让我哭笑不得。但那几位女人似乎对后面乘客的无奈熟视无睹，而这些被挤压的乘客或忍气吞声，或用同样的方式挤压着后面的乘客，反正最后总会有个善良的人承担所有的挤压。这让我不禁感慨，身为母亲，心疼自己的孩子虽情有可原，但也不应该如此过分，我们应该教给孩子尊让的公德！

只是这社会，如果只有我们学会了尊让，而享受尊让的却是一些不懂尊让的人，又该如何是好呢？

长久以来只知道享受的他们，是否会因为我们的尊让，反而更增长了自私自利的气焰呢？从这个角度来说，或许我们有时也应该学会不尊让，去力争属于自己的权利！

杂 谈

1

这学期又开始新一轮的课堂教学了，今天是第一天。听了三节课，然后又评了三节课，我感觉好像把自己缠了进去。

下午听的是一节数学课，讲课的数学老师是学校里最年轻的老师，基本功很扎实，课讲得清楚有条理。讲的内容是有理数的加减，属于七年级第一章的基础内容。

在讲解有理数加法法则的时候，对于如何讲解，我与几位数学老师产生了分歧。虽然几乎所有的数学老师都坚持他们的意见，但我到现在依然不想改变自己的看法。

在法则出现的时候，他们采用的是老师直接出示法则，然后针对法则组织学生练习的方法。也就是说，先让学生背法则一（同号两数相加，取相同的符号，并把绝对值相加），然后根据法则，出一大部分题让学生练习，如此效果甚佳。我的观点则是可以借用很多例子，将一些与法则相关的代数式展示给学生，然后由学生来总结规律，如王五借了张三 10 元钱，记作（–10），又借了李四 8 元，记作（–8），王五一共借了多少钱？

列式：（–10）+（–8）=–18

这样罗列大量的例子，在给予学生答案的情况下，让学生自己讨论、研究、摸索，找出规律，老师再总结规范。

这两种方法的不同之处，归根结底是知识的传授是由果到因，还是由因到果的问题。

2

我一直想培养学生的自学能力，所以在六年级实行了换位教学的新模式，在学生座位的安排上采用了围坐的方式。但在实施的过程中，我遭到了很大的阻力，听了很多的闲话，为此我感到压力很大。

平日，我在与女儿交流的时候，常与女儿说到（-6）+（-8）这样的题。虽然那个时候女儿还是小学生，但她其实已经能够直接算出答案了。然后，我就变换给她另外的诸如（-6）+8 这样的题，她也依然能够做出，并且能够看出规律，虽然还不能用系统的语言表达出来。

从女儿这里，我才意识到，是否可以把一些例子给到学生，让他们真正地去自主学习、探索研究，而不是去套用模板公式？

我记得上小学的时候，教我们数学的老师是一位老民办教师，上数学课时经常会卡壳，每当这时，我就会上去替他讲。上初中后，我的眼睛近视，没钱配眼镜，看不清黑板，数理化几乎全靠自学，但我学得还不错。

我们能否相信学生？

我们应该知道，有一部分学生是能够自主学习的。如果一个班里有七八个这样的学生，就可以充分利用起来，让他们带头，为同学们释疑解惑，老师只起到指导辅助的作用。

3

我不知道自己的想法，是否真的是空中楼阁。

自走上管理岗位后，因为精力有限，我再也不能像以前那样完全沉浸在教学中，将大部分时间用于陪伴学生。将更多的时间用在"纸上谈兵"上，这总让我感到患得患失。

这几日晚上，我与女儿研究了不少数学题，觉得女儿的学习习惯不如当年的自己，她缺少去研究题、"抠"题的能力。

这让我有点心急。我总认为，最好的学生应该走在老师的前面，而不是跟在老师身后。女儿离这要求还很远，最根本的原因是她缺乏自己去寻找问题并举一反三的能力。

比如，让女儿做"$1/2+1/6+1/12+\cdots+1/n=?$"这种题，她会；而当她做上题的变形题"$1+1/10+3 \times 1/40+5 \times 1/88+7 \times 1/154+9 \times 1/238+11 \times 1/340=?$"，她就感到困难了。

数学的学习，关键是要形成一种概括归纳再运用规律的思维。

该如何讲数学？我不是数学老师，所以不敢下结论，只是感到困惑。

对一道数学题的较真

我的日子，似乎被听课填满了。

下午听了两节课，最后一节是数学课，讲的是七年级有理数的加减问题。

我遇到一个问题，十分困惑。老师出了一道判断题：负数的绝对值是正数。答案为错。

对此我很不理解，问那位数学老师，老师给出的解释是："数学必须严格按照定义，那就是负数的绝对值是它的相反数。"我又问："负数的绝对值是其相反数，可那也是正数，难道有错吗？"

"就是错！"那位数学老师斩钉截铁地回答。

可我依旧感到不解。

我是个较真的人，为此我上网查阅，并咨询了数位其他老师，最后得出的结论是：我的答案是正确的，负数的绝对值就是正数！

女儿把刚出成绩的试卷捎回家要我签名，这已经是第四次数学测试了，前三次女儿都是满分，但这次得了 98 分，在一道判断题中，女儿丢了 2 分。就为那道判断题，女儿与我讨论了半天，题目是"甲数的 1/5 等于乙数的 1/2，所以甲数大于乙数"，答案是"对"。

女儿说："妈妈，可不可以把甲、乙两数都看作是 0 呢？如果是 0 的话，那么前提也成立，但结论就不成立了。所以这题应该标明条件：甲、乙不为 0。"

为此，女儿又以另外一题为例：A 是 B 的 1/3，B 是 A 的 3 倍。答案是"对"。此题 A 和 B 是任意数，也可以考虑 0，如果是 0 的话，A 与 B 相等，都为 0，前因后果都成立。

女儿说得似乎有理，但她太过于较真了，既然是 A 和 B、甲和乙，不同的名字，对应的就应是不同的数。不过我特别赞赏女儿较真的习惯，因为学习就是要精益求精。

我有个伟大的构想

1

党的二十大报告中明确提出，要落实立德树人根本任务，培养德智体美劳全面发展的社会主义建设者和接班人。劳动教育十年来第一次被写进了党代会的报告。报告中提到的劳动教育的回归，就是指要通过劳动教育，使学生能够理解和形成正确的劳动观，树立劳动最光荣、最崇高、最伟大、最美丽的观念。我在想，让我们的学生都走走路，是否也是一种劳动教育的体现？用步行的方式上学，一方面能缓解日渐严重的城市交通问题，另一方面还可以锻炼学生的体魄。行走也是学习，这是不是一种创新？

2

我是个较真的人。这一次，我跟校车较上劲了。

学校里接送学生的校车，根据不同的线路，共设置了四辆，每周一我负责接送校车。我发现，因为错时放学的缘故，同一辆校车上，从第一位学生坐上校车到最后一位学生坐上校车，中间的时间差有半个小时。一车学生，大约三十来个，如果再算上将学生一个一个送到家门口的时间，那么从放学到回家，不会少于一个小时。

一个小时的时间，如果用来行走，大约能走半个岚山城区了吧！目前我们各个学校，都是遵循就近原则划片招生的。按照这个原则，我在想，是不是我们大部分的学生可以采用步行上下学的方式，来实现家与校的连接？

事实上，看着现在的孩子们整天被车接车送，然后一天在校十多个小时（早上 7 点 30 分入校，下午 5 点 40 分课后服务结束后放学，不算早晨在外等候入校的时间），我就替他们感到疲惫。于是就有点怀念小时候，一群小伙伴穿越村庄和田野，说说笑笑上学的情景。

3

我的小学就在邻村的宋家窑，两村之间有着大片的麦田。差不多的时间里，不同年级的孩子都从家里出发，无须相约，只要走出村庄，便都会汇集到那条连通两村的崎岖小路上。孩子们嬉闹歌唱的声音，洒满了整条小路，让空旷的田野仿佛活了起来。

记得那条蜿蜒的小道上，春有野花，夏有麦香，秋有硕果，冬有飞雪，一年四季，似乎每天都有不同的风景。这一路走来，我们捉过鸟，折过花；吹过柳梢，逮过蚂蚱；挖过花生，也烧过地瓜……

如今想来，真好。

那个时候，在我们的课堂上，老师根本就不用费尽心思地跟我们讲"农作物生长，需要阳光、水分和肥力"，甚至大人们还经常把"城里的小孩将小麦当成韭菜"当作笑话讲给我们听。

那个时候，我们对连小麦和韭菜都不认识的城里人表示极度不理解，面对大人们的说笑，我们往往也报以大笑。但不想，如今，我们的孩子也成了那个"不认识小麦和韭菜的城里人"。

4

事实上，我们的孩子不仅仅是不认识小麦和韭菜，家长对孩子日常生活的过度包揽，让我们的孩子失去了许多生活常识和生活能力。

犹记得那日，我在讲河流的开发和利用时，让一位孩子讲一下绣针河的开发方向。那位孩子居然问我："老师，绣针河在哪里？"中考不考绣针河，我们的孩子，似乎无须知道绣针河在哪里，即便它就在家门口流过。

还有孩子问我："老师，为什么使用洗涤剂就会浪费水？""老师，为什么山坡上不能有河流？""老师，咱日照也产苹果吗？"诸多的问题，让我无从回答。

我感到无力。我们将许多本来是常识的东西，用教的方式灌输给孩子，是我们错了吗？

5

不，是我们的孩子。他们在乘坐飞机和高铁，迷恋游戏和短视频的同时，丢掉了他们赖以生存的一些基本能力。

我们不得不用规范强制的方式让他们学习，却忘记了，完全可以用行走的方式来代替。行走在上学和放学路上看到的风景，是乘坐任何交通工具都无法给予的。

我在想，我们该如何让我们的孩子，以一种最为合适的方式回归到生活中，让他们既能立足于实际，又能展望未来；既能走进书中，又能走出书去。

让孩子不再乘车上学，给孩子上学路上的自由空间，这应当是一个不错的思路。

为了验证这思路的可行性，2021 年 11 月 2 日，我用步行的方式，从家到学校，做了一次实验。

我是在清晨 7 点 10 分出发的，目前我住的地方，正好是学校招生片区的最东端，到学校大约六七里路。我走了 5218 步，大约用了 40 分钟到校。这期间，我走得并不快，几近匀速，如果是学生的话，按照路上蹦蹦跳跳、跑跑走走的速度，或许无须这么长时间。

也就是说，从时间上来看，实现步行到校是完全可行的。

6

步行好啊，沿着马路一侧的人行道一路行走，秋日的清晨，习习凉风轻拂脸颊，给人一种久违的惬意。马路上车流匆匆，人却很少，两侧的店铺都还没有开门，不过店旁花草的种类及长势，能让人猜到主人的喜好。明媚的阳光透过泛黄的树叶，在地面投下斑驳的树影。一条流浪狗，孤独地在草丛里穿梭。国庆的气氛还在，马路两侧一排排的旗杆上，红旗在迎风飘扬……

我边走，边思考着今天的规划。我在想，如何将我这一路的所见，纳入今天要讲的有关工业布局的课程内容中。比如，我看到了一个汽车修理厂，还看到了一个长久以来一直很是安静的地方，门牌上写的是航天 XX 研究所……

我想，如果孩子们也能开启这段行走，是否也会像我一样，有这样多的遐思？

我想一定会的。

<h1 style="text-align:center">7</h1>

从家到学校，因为没有那种理想中的步行道，所以我只能走大路。一路行走，虽然人行道与马路分隔开来，但在没有足够多的树木遮挡的地段，当车从身边经过的时候，总会有刺鼻的汽车尾气进入胸腔，让我难以忍受。所以每每走到空无遮拦的地段，我都尽量屏住呼吸，快速穿过。

马路通达，却拉长了直线距离。

我忽然有个宏伟的构想：我们是否能够以一座城为棋盘，以学校为中心，构建出四通八达的人行小道，小道不准行车，只供居民行走。比如岚山，一座城容纳了五所中学，如果我们能够科学规划，为我们的孩子规划出最方便的上学路线，统一要求，尽量减少校车、私家车的接送，那该多好！这样既能为全民健身做出贡献，又能让孩子有大量的时间与自然亲近，还可以为家长省出时间，专心工作和创业，同时还能减轻城市交通压力，真可谓好处多多！

以城为棋盘，行走其中，有大道四通八达、车流如织；又有小道崎岖，在城区蜿蜒。城市中有乡村的清丽，乡村中有城市的繁华……

我期待，我的构想成真！

▌第三章
在陪伴中收获，我与"花"开的故事

与孩子一起成长

—— 浅析如何提升母亲素质，做一个好母亲

走近孩子，陪他们一起成长。谨以此文，送给所有的母亲和教师。

——题记

有位教育家说过："在孩子的成长过程中，母亲的作用要在 90% 以上。"母亲是孩子的第一任教师，也是终身教师，母亲的素质，决定着下一代的素质，决定着国民的素质和未来的国运。作为母亲，其道德水平、文化修养、行为举止，对子女的影响既是潜移默化的，又是刻骨铭心的。母亲对自己子女世界观、人生观、价值观的形成影响巨大，从某种意义上讲，她们的素质，往往会决定孩子的人生走向。

没有一位母亲不希望自己的孩子成龙成凤。在孩子成长的过程中，她们都倾注了无限的爱，甚至以自我牺牲为代价，希望自己的孩子将来能成为社会的有用之才。但并非所有的母亲都能如愿，这一无情的事实，令许多母亲百思不得其解，溯其根源就在于有些母亲轻视或忽略了自身素质的提升，不懂得自身素质直接影响着孩子的成长。

因此，大力提升母亲素质，是孩子成才的关键。与孩子一起成长，并在成长的过程中不断提升自己，是当代母亲的最佳选择。

一、现代好母亲的注释

传统观念里的好母亲，主要是指能给予孩子物质上满足的母亲。母亲代表着无微不至、任劳任怨，代表着温暖、关爱、呵护、安详。

但随着时代的发展，社会已经给母亲这个角色赋予了更新更高的期待：做母亲，还要重视对儿女心灵的"喂养"，这种"喂养"最核心的内容，就是培养和推进儿女走向心理上的独立，而不是始终将他们保护在自己的臂膀之下，控制在自己的视线当中，使他们像一棵瘦弱干枯的小树，隐藏在粗壮挺拔的大树之下。

著名心理学家、婚恋专家陈非子认为，好母亲是珍惜生活、创造生命的母亲，是赋予母爱、树立榜样的母亲，也是传递快乐、营造和睦的母亲。她应该是生产者，也是创造者，同时还是家人健康的守护者。

也就是说，一个好母亲，在和孩子的相处中绝不仅是母亲，更应是孩子的朋友。好母亲不仅追求进步，还要向孩子学习。真正的教育，其实是从自我教育开始的。和孩子一起成长，共同经历每一次坎坷，迎接每一次挑战，分享成长中的每一份喜悦，这才是一个好母亲的准则。

二、如何做一个好母亲

（一）好母亲，要将拳拳母爱融进教育中

母爱是一首田园诗，幽远纯净，和雅清淡；母爱是一幅山水画，洗去铅华雕饰，留下清新自然；母爱是润物的细雨、诱人的春风，是世间一切爱之本源！

首先，母亲与孩子在情感上存在着一种自然的、生理上的密切联系，尤其是在哺乳期。孩子对母亲的依恋是生命发展的最初动力。其次，母爱对孩子的智力发展也有积极作用，甚至决定着孩子的世界观、人生观和价值观。

再次，母爱是人类社会发展中最伟大的力量，所有的生命都离不开母亲的怀抱。从小缺乏母爱的孩子会终身受着"无所归属"焦虑的折磨，这甚至会成为他们难以逾越的心理障碍。一个懂得真爱的母亲，会用慈爱、仁德、科学、奉献的爱的精神感化孩子；一个懂得精心培养孩子的母亲，会给孩子以真正的全面的爱，并使孩子获得爱的滋养，产生强烈的安全感和价值感，滋生爱父母、爱家庭、爱朋友、爱社会的能力，进而在未来成为有爱心的父母。这种爱会延伸到家庭和社会的各个层面，会使家庭和社会充满温暖和阳光，让孩子充满希望。

从这个意义上说，母亲是爱的播撒者，子女是爱的传导者，而世界则是爱的享有者。

爱可以创造奇迹。智障音乐家舟舟的成功，就是一个典型的例子。

关于舟舟，许多人都知道他是中国著名的智障指挥家，而人们不知道的是，舟舟的妈妈——张惠琴身患癌症十二年，支撑她活下去的唯一理由，就是她必须用舟舟能够理解的方式告诉他："死亡并非遗弃，爱永远不会离开。"十二年来，她不离不弃，这个平凡而又伟大的母亲，用爱将一株先天不足的瘦弱小苗，扶植成参天大树。

但爱也是有限度的，过度、无原则的溺爱，反而会使孩子变得依赖、敏感、神经质，失去成长和爱的能力。清朝光绪年间发生的"临刑责母"的事件，足以警醒天下所有的母亲。

理智的母亲应该有效地控制支配自己的感情，将爱融进孩子的成长历程中，处处为孩子的发展与前途着想。

（二）好母亲，要不断地改善自己的性格

血缘关系所形成的天然的感情纽带，使母亲在教育和培养子女方面有着得天独厚的优势。母亲与子女朝夕相处，对孩子的情绪、爱好最为了解。母亲可以根据实际情况及时发现孩子的问题，并加以正确的引导和规劝，其效果往往比其他人的教育效果更好。从受教育者的角度分析，子女对母亲的与生俱来的依赖和信任，使其更容易接受母亲的教育和引导。母亲对孩子的教育方式不仅在于讲道理，更在于母亲平时的言谈举止、处世态度和待人接物的方式、方法等，这些都对子女具有重要的教育功能。孩子具有模仿的天性，尤其在成长的早期，母亲的榜样作用尤为明显。教育学家的研究表明，如果母亲具有较高的道德修养，孩子就会以母亲为榜样，先是仿照母亲的行为，久而久之，习惯变成自然，母亲的行为方式就成了他们日后处理各种关系的行为准则。

日本著名心理学家诧摩武俊研究发现，一个母亲的性格偏重支配性，孩子的性格就会倾向于服从、消极和依赖；母亲若对孩子过度呵护，孩子就会缺乏社会性，并具有神经质气质；母亲性格冷漠，孩子也同样冷漠；母亲的性格是专制的，孩子的性格不是过于依赖就是过于反抗，十分孤僻；母亲的性格是民主的，孩子则表现出亲切、直爽、喜欢社交和与人协作的特点。由此可见，母亲的性格和为人处世的态度，会影响孩子的一生。

经常听人们说起，母亲是教师的，子女成才的概率要比其他职业母亲的子女成才的概率高一些，这是因为当教师的能更全方位地理解孩子。她们不仅能像一个普通母亲那样关心爱护孩子，而且因为每天面对形形色色的学生，不断修炼完善自己的性格，所以要比其他母亲多一些理解和宽容，更能给予孩子一个宽松自由的发展空间，并通过自身的言行举止潜移默化地影响孩子。

因此，为了孩子，母亲应该不断提升个人修养，丰富自己的内涵，做一个宽容大度、有爱心、有责任感的好母亲。

（三）好母亲，要终身学习，毕生努力

做一个好母亲，需要终身学习，毕生努力。不仅要学习"为人母"的责任承担，更重要的是要学习"母为人"的人格修养。母亲的素质，关系着一个民族的未来。

奥地利有一个关爱女孩协会，他们有一个著名的提问：如果一个家庭有一儿一女，但只有一笔教育经费，你投给谁？他们的答案是：投给女孩！因为教育了一个男孩，你只教育了一个个体，而教育了一个女孩，你就教育了一个家庭，一个民族，一个国家。

目前，我们国家虽然也开始重视母亲的素质教育，但受传统观念影响，这一方面做得还远远不够。我们还需要努力提高母亲的道德素质，特别是农村妇女的素质。

新时代需要新的母亲形象。做母亲的，唯有重塑自我、挑战自我，提高自身素质与文化修养，才能让孩子在潜移默化中受到良好教育，健康成长，成为国家栋梁。

也就是说，一个好母亲，要伴随孩子终身学习。如幼儿园阶段孩子的母亲，要着重学习如何培养孩子形成良好的行为习惯，如何陪同孩子玩，如何开展亲子活动等。与孩子一同玩耍也是一门学问，不要小瞧了这一门学问，有很多家长就做不到，他们不知道幼儿的智力不是通过枯燥的学习而是在玩中被开发的。小学阶段孩子的母亲，应该学习如何培养孩子养成良好的学习习惯，如何提高孩子自制力，如何和孩子共同观察生活、学习科学知识等。中学阶段孩子的母亲则要结合青春期知识，学会与孩子沟通，进而培养孩子健全的人格，帮助孩子树立正确的世界观、人生观和价值观。

古希腊著名思想家、政治家亚里士多德说过："必须有优良的妇孺，才会造就优良的城邦。"我国古语中也有"龙生龙，凤生凤，耗子生子会打洞"之说。这俗语虽然讲的是遗传问题，但其实也从另一个方面说明了父母素质对孩子的影响。

母成龙，子亦成龙。作为孩子的家长，同时又作为孩子的第一任教师，好母亲应该终身学习，成为孩子的榜样。

（四）好母亲，要走进孩子的内心世界，与孩子一同感触世界、永不言弃

好母亲应该比任何人都了解自己孩子的特点。要走进孩子的内心世界，真切感受他们的需求，因材施教，用爱和汗水浇灌他们，伴随他们一同成长。

作为母亲，在日常生活中要耐心听取孩子所说的每一句话，让他们表达自己的想法。要设身处地地从孩子的角度分析思考，然后再针对孩子的观点发表言论，绝不能在一知半解的情况下，就武断地将自己的意见强加给孩子。

同时，作为母亲，面对孩子一时的失败落后，应对孩子绝不言弃。每个孩子都是一个独立的个体，都有自己与众不同的特点，关键在于你要去发现和挖掘，用细腻的母爱激发他的潜能。记得以前读过一篇文章，作者是清华大学的博士生。他在写他母亲的时候，记录了自己上小学时的一件事。他读小学的时候，学习成绩很差，但母亲每次参加家长会回来后，无论在学校里受到教师怎样的批评，对他都是鼓励。正是在母亲的这种信任与支持下，他坚定信念，从最初的"差生"，一步步成为现在的博士生。

可以说，母亲的信任就好像一盏灯，永远照亮孩子前进的道路。作为母亲，请给予孩子足够的尊重与信任，永不言弃！

好母亲还要给孩子足够的空间，让他们不错过每一个提升自己的机会。母亲要做孩子坚实的后盾，永远支持孩子，花足够的时间陪伴孩子学习、玩耍甚至聊天。须知道，母亲的一举一动，都会被孩子看在眼里、记在心里，所以请注意你的言行举止，不断提升自己，与孩子一同进步。

综上，一个母亲，并不是天生就能成为好母亲的，而是在培养子女的过程中通过不断重塑自我、挑战自我、提升自我，最终成为一名合格的母亲的。

所以，做一个好母亲，请与孩子一起成长！

一堂别开生面的课

鉴于今年毕业班学生基础薄弱，学校将毕业班分为重点班和普通班。这两个班，我都带着。

昨日在开完一次家长会之后，我匆匆去普通班上课。在这之前，我曾听一位老师发过牢骚，说这个班的学生连课本都没有。

第一次走进教室，或许是新老师的缘故，学生们有些许错愕。我笑着问："怎么听不到掌声？"

"掌声？"有调皮的学生笑起来。"是的，不欢迎新老师来吗？"我反问。

"欢迎！"学生毕竟是学生，教室里立即响起了一阵热烈的掌声。面对这群孩子，我并没有急着给他们上新课，而是先从以下四个方面给他们上了一堂"交心课"。

第一个方面，评价学生的标准。成绩不是唯一，学校培养学生的目的是要教会学生如何做人，而不仅仅只是考学。

第二个方面，人生的路有很多条，并非只有考学一条。纵观现实社会，成功人士中，有好多并非高学历者。学历只代表知识层次，代表不了能力，只要努力，照样可以拥有一个美好的未来。

第三个方面，个人真实评价。我要学生思考后自由讨论，在初中最后一年的学习生涯中，有什么打算；对于一些学生而言，或许从此以后，就要走出校门，能否感受到这最后一年初中生活的可贵。

第四个方面，事在人为。人需要自己看重自己，千万不要自暴自弃。只要心中有理想，就有希望。自信自强，是一个人最大的魅力。就算学习不好，但也可以拥有一技之长，能够立足社会、自食其力，就是成功。

最后我说："你们不比任何人差，不信可以做个实验：地理这门学科，基础好坏不是很重要，只要用心，就能学好。一个月后的考试，你们的成绩说不定会比那几个重点班同学的高，信不信？"

面对我的鼓动，这群只有不到一半带了课本的孩子们群情激奋，喊道："信！"

剩下的二十分钟，我满教室转，专找那些不拿课本或不看书的孩子谈心，透视他们的心理，触及他们的内心。有些孩子，需要激发他们进行有痛感的思考。临下课前，我问："下一节课想着带课本了吗？"

"想着了！"

所有的孩子都高声回答。

我笑了，因为目的已达到。

开学了

1

今天是开学的第一天，下了一天的雨。

我喜欢雨，但在忙碌中，我完全没了欣赏雨的心情，更顾不上感伤秋雨带来的愁绪。

早上七点半，学生都到校了。送走女儿，我就来到教室，看学生，同时等候几位班主任的到来。

今天的任务很重，最重的一项就是平行分班。因为老师有所调整，公平起见，只能重新分班。我去班里询问了一部分学生，大部分学生都不乐意重新分班，这让我心里疙疙瘩瘩的，感到两难。

倘若是我接班的话，我不会太注重学生的基础。诸如今年，我又接了毕业班，这届毕业班的学生，基础是最薄弱的，特别是地理学科。这群学生上初一时，因为当时缺老师，只能让一个实习老师给他们上课，导致学生的基础基本为零。为了给孩子们补课，我只好从头开始。

我是一个特别重感情的人，通过三年的相处，我能够说出每一个学生的特点。可以说，我对每一个学生都了如指掌，如哪个学生执拗，哪个学生细腻敏感，哪个学生迷恋网络，哪个学生好意气用事等，我都一清二楚。

我把他们当成我的孩子，我不忍，更不想让他们因为分班而难过。还好，虽然不能再教他们，但学校依然安排我承包这个级部，我依然能够陪伴他们。

2

　　刚刚走进教室，就听到顽皮小子月龙拖着长音喊道："老师好……"对他，你千万不要太过于理睬，否则，他会一直跟在你身后，没完没了地说着什么。这是个特别聪明但有点"多动"的孩子，家庭比较特殊，父亲在他还没出世的时候就在一次事故中去世，姥姥把他抚养大，因为心疼他无父，便对他过分溺爱，让他几乎不知世间疾苦。好在他本性单纯善良，只是贪玩好动。我对他向来严厉，希望我的严厉，能让他尽快醒悟长大。

　　与月龙有着相同境遇的是候成，他也没有父亲，母亲带着他改嫁。这是个特别懂事的孩子，因为过分懂事，他的心理压力特别大。他很少说话，但如果你安排他做一件事，他总是竭尽全力地去完成。他有着女孩的恬静，每天心事重重得让人心疼。

　　每次进教室，我总是习惯先瞄这俩孩子一眼，今天也是。面对我的注视，月龙做了个鬼脸，候成则低头羞涩。因为要分班，教室里闹哄哄的。我让大家安静下来，先跟他们讲了今年学校的一些调整。想到五莲三中校长的《计划人生》，就顺便对他们提出了一点要求："还有一年时间，希望同学们利用开学这段时间，好好想想自己这一年的任务是什么，也为自己计划一下。"

　　我说："或许你的计划未必能实现，但是你计划了，就有了目标，这个目标会一直悬在你的头顶。为了能触及这个目标，你需要不断地为自己搭建台阶，即使到最后你依旧无法触及，但因为你一直在努力地向上爬，所以定会有意想不到的收获。"

　　在我慷慨激昂地讲话的时候，我忽然瞥见教室后边，我的那个"干儿子"宗博（这孩子因为长得与我有点相像，所以被学生们开玩笑，说是我的干儿子）在那里一边低声嘟囔，一边奋笔疾书。当我刚停下讲话，他就举手，喊："老师，我的人生计划写完了！"

　　我过去一看，只见他写道："未来是不可预料的，人的命运也是不可捉摸的，能在现实生活中达到最高境界，实现儿时梦想，只是偶然现象。我希望自己的人生走一步算一步，不奢求完成太多的计划，顺其自然……"

对这孩子，我有点无奈。他聪明，却又有点玩世不恭，小小年纪，就有看破世俗的心态。

我把纸条小心地折叠起来，想，抽空得好好跟他谈谈了。

3

我喜欢与孩子交往，从他们的身上，我学到了很多。也正是因为经常处理孩子之间的冲突，我悟到了很多做人的道理。

学会宽容，用一颗真心，面对所有。

在我的眼里，没有什么绝对的好人与坏人，每个人都有长处，也有不足。将心比心，谁都有喜怒哀乐、爱好憎恶，谁也不能用自己的道德标准去衡量别人。

所以，看人看好，评人评优。世界这么大，哪怕只是同行一小段路程，也是一种缘分。珍惜每一次的相遇，珍惜每一次的同行之缘……

但路总有分岔之时，挥手别过，不留遗憾。

对此，我常常跟学生讲，让他们珍惜同学情谊。一个班的同学，就像是兄弟姐妹，现在大家聚在一起，几年之后，也许就各奔东西，从此天涯相隔。现在同学之间的一场"战争"，或许会成为后来人生记忆长河里的花絮，让你会心一笑。

不过我们需要记住的是，每个人都有自己的承受底线，与朋友交往时，千万不要跨越这个底线。语言是把双刃剑，不要让恶语伤了别人，也伤了自己。

后记：

2022 年 10 月 26 日，一则"岚山区退役军人事务局与岚山出入境边防检查站的负责同志为荣立个人一等功的李月龙家庭送去牌匾和慰问品"的新闻在我的朋友圈里广泛传播。新闻里有大红的"一等功臣之家"的匾额，还有领导慷慨激昂的致辞，更有众多围观群众，很是红火，让人羡慕。

新闻的主人公月龙，就是我日记里的那个孩子，当年他还是我的地理课代表。我初见这新闻，喜悦的同时更多的是心悸不安，后见到他飒爽的身影，方才安心。

恍若昨日，这孩子还是那个调皮捣蛋的漂亮男孩。他有一双很大的眼睛，很聪明，地理学得不错。因他过于调皮，我对他向来严厉，但他知道我对他好，对于我的严厉，从来就不在意，每次见我，还是嬉皮笑脸的。后来他考入高中，高二时骑车来找过我多次，每次见我，总是给我一个大大的拥抱。有天，他告诉我，他要去当兵了，那时他已经长成了一个高我一头的帅气青年，不再是那个如泥鳅般灵活而又调皮的男孩。

再次见到他，是他当兵八年后。他来学校找我的时候，我还在班上。被他叫出教室时，我还在发蒙，就被他抱着转了一圈。后来，我请他在学校食堂里吃了一次饭。

这是我第四次知道他的消息，是从电视上。我很欣慰，也有点自豪，但更多的是心疼。这个孩子，是真的长大了，长成了很多年前我期待的样子。这是我的学生，是那个虽然调皮，却从来不让我生气的孩子。因为当我一生气，他就会蹿到我的面前，嬉皮笑脸地逗我，让我无法真的生他的气。

他曾跟我说过，等他结婚，会带着他的新娘过来看我。我期待着与他的第五次见面，愿他平安幸福。

写给学生的信

2008 年，由我主持的"心之虹"知心姐姐信箱终于开通了，一天就收到了六封信，下面选取的是答复学生的两封信。

小玉：

你好。

首先感谢你对姐姐的信任。姐姐也请你放心，你的来信，我们会给你严格保密的，这也是知心姐姐信箱栏目组成员必须遵循的准则。

你说你想做一个听话懂事的孩子，单从这一个愿望来说，你就已经实现愿望了。你意识到自己性格倔强，倔强不是缺点，但不能对任何事情都倔强，明白吗？

知心姐姐一直认为，绝对"听话懂事"的孩子，不存在，除非他是木偶。每一个孩子都是一个独立的个体，有着自己看待问题、处理问题的方法策略，任何人都不能把自己的意志强加给别人。所以，知心姐姐并不赞同老师或者家长要求孩子对自己言听计从的做法。有些时候，大人也会做错事，所以一个优秀的孩子，应该是能够跟家长和教师交流并敢于对一些问题提出异议的孩子。但姐姐并不是教导小玉不听家长老师的话，毕竟大多数时候，家长和老师的话是正确的，他们比小玉经历过的事更多，看问题也更全面深刻。姐姐是想告诉小玉，要多跟家长和老师交流，做个既听话，又有主见的好孩子。

孩子懂事与否，关键体现在孩子是否具有换位思考的能力，是否懂得体谅父母，懂得与同学和谐相处，懂得尊重老师。不嫌父母唠叨，而是能够从父母的唠叨里听出他们对你的爱；不抱怨老师严厉，而是从严厉中领悟老师的初衷；不因为一件小事就与同学翻脸，甚至耿耿于怀，茫茫人海中，你们能够成为同学，就是缘分，几年之后，你们将各奔东西，初中阶段的种种，都将成为你们最美好的回忆！

数学的学习，在于精细，英语的学习，在于苦练。知心姐姐认为你可以把知识当成一块面包，倘若你不能一口将它吃掉，那就学着一点点地吃，学会持之以恒。只要你能够坚持不懈，总有一天，你一定会成功。

谢谢你对我的祝福，知心姐姐永远是你的知心朋友，伴你成长！

知心姐姐

2008 年 4 月 9 日

小杰：

你好。

姐姐再次谢谢你对我的信任。

首先，姐姐要对你说的第一件事，就是你得学会拒绝。当然对于姐姐的来信，同学想看的话，给大家分享也没什么问题，但是有些事情，如果你不想让别人知道，就必须学会拒绝。

学会在适当的时候拒绝，是一种能力，它会让你在以后的生活中受益。

至于《社会》这门课的学习，你说你考了 98 分，这成绩应该很不错了，姐姐还想祝贺你呢，但你竟感到失望。姐姐认为，六年级的《社会》比较简单，只要做好基础训练，上课的时候认真听讲就可以了，不需要也没有必要占用过多的课外时间。

另外，很多时候，不要太过于注重分数，而是应该分析自己对于知识是否真正掌握，不能因为一两次考试的失误就灰心丧气，而是应该一步一个脚印地进步，不断提高自己对知识的掌握程度。

你应该学会与父母交流，静下心来跟他们谈心。看得出，你是个很懂事的孩子，你应该体谅父母为你所做的一切，懂得体贴父母，做他们贴心的女儿。

关于你哥哥上网的事情，我想对于不同的情况、不同的孩子，应该有不同的解决方法。如果你的哥哥也在我们学校的话，不妨建议他来找我，或者告诉你的姑父，让他来学校与我们交流一下，相信通过大家的共同努力，他会从对网络的痴迷中走出来。

最后，知心姐姐祝愿小杰有更多的收获，知心姐姐永远是你成长路上的知心朋友！

知心姐姐

2008 年 4 月 10 日

无 题

1

开通了一个星期的知心姐姐信箱，每天我都会收到数十封孩子的来信，各式各样的问题，让我应接不暇。

从这些孩子的信中，我触摸到一个个不同的心灵。他们之中，百分之八十是女孩子。女孩子跟老师、同学、家长之间各种无法言说的小秘密，都聚集到我这里，从她们忐忑不安的文字里，我回忆起了自己的成长经历。

其中有个叫小莹的孩子，连续来了三封信。在信中，她说了与父母之间的隔阂。她说，妈妈总是说她不用心学习，其实她已经很努力了；她说，她真的已经厌倦上学了……我们许多家长和老师，常常会漠视孩子的情感需求，事实上，许多孩子都十分需要父母和老师为他们排解压力。对于孩子的成长，家长应该始终保持平和的心态，而不是一味地盼子成龙、盼女成凤。大千世界，本就多姿多彩。

2

读着孩子们的来信，倾听他们的心声，哪怕再累，我也唯恐伤了孩子期盼答复的那颗敏感的心，于是字字斟酌，用心回复。在这一过程中，我被自己感动，也被孩子们感动，这也让我坚定了将知心姐姐信箱办下去并且办好的决心。

这是实实在在的事。走近孩子，与孩子进行心灵上的沟通，在劝解孩子的同时，也用孩子的心灵来温暖自己，毕竟我自己也是一个女孩的妈妈。

我一直一门心思地研究教学，奢望能拥有属于自己的学生和老师，然后贯彻自己的教学思路。但事实上，我不得不做很多教育之外的工作，过多过杂的事务，让我几乎没有属于自己的时间，以至于什么事都做得不尽如人意，这让我总是很懊恼。

前些日子，这种烦躁、忧伤尤为显著，也许就是这种无为而又无奈的情绪造成的。累了，却没有可以交谈的朋友，在很多时候，我们也形同孩子。

好在我们要比孩子更具有消化情绪的能力，终有一天，我们会平静的。

3

想起不久前看过的一篇文章，说友情就跟一杯开水一样，如果不能持续升温的话，总会凉的。

我觉得这比喻恰当极了。其实不论是友情还是爱情，都是这样。

学会给杯子里的水加温，是我们应该做的；学会给我们的孩子温情，更是我们应该做的。

2008 年 4 月 13 日

快乐无文

1

今晚坐在这里，我忽然又想起了这几个字：快乐无文。

真的，今天虽然是疲惫的一天，但我十分快乐，因为快乐，就忘却了昨日里的"战事"，甚至把前些日子的落寞也都冲淡了，留下的，只有现在的喜悦。

带十名学生去实验小学参加双语比赛，五点起床，六点集合，六点半出发，八点到，然后一直站到表演完成，恰好十一点半。

截至中午，我们的节目竟然获得了一个最高的分数，这完全出乎我的意料。要知道，参赛选手来自全市，有上千人，里面有不少选手，是父母教师一起上阵，光看其服装道具，就知道他们投入之大，有的甚至不下千元。而我们这里，不过是每人花了十五元钱买了一件汗衫，就算是统一服装了。十个孩子，在那些浓妆艳抹的参赛选手中，是真正的素面朝天！但素面的我们，取得了骄人的成绩！

节目分两块，朗诵和才艺展示。普通话不标准、五音不全的我，却把孩子们训练得有模有样，这怎么不让我欣喜若狂。

下午五点，我们接到了复赛的通知，明天七点，继续奔波。

2

在知道结果的第一时间，我禁不住兴奋，习惯性地把消息告诉了母亲。三十多岁的人了，依旧把自己当作孩子，将喜悦与母亲分享，更何况这些孩子！

回来的路上，车内是孩子嘈杂的笑声，车外是淅淅沥沥的雨。雨划过车窗，溅起串串水线，掩饰了我像个孩子一样的难以抑制的快乐。

女儿和另外的一个小丫头，一路上都在那里喊着腿疼，问及才知道，原来就在等待成绩的时间里，他们一行人跑到了实验小学的操场上，因为好奇于橡胶跑道，竟然在那里连续跑了数圈！女儿言："妈妈，在上面跑步好受极了。"是啊，对习惯在泥地上奔跑的孩子而言，感受橡胶跑道的那种柔软弹力，的确是一种全新的体验。

当其他选手在紧张地做赛前准备的时候，我的兵们，却如刘姥姥进大观园一样，处处好奇，从而忘却了比赛的紧张。

这是一群最纯朴的孩子，不加任何的修饰！他们在准备室里，好奇地在那些专业的化妆师之间穿梭，看那些经涂抹改造、艳丽得近乎无瑕的孩子。他们满眼惊异，从他们的脸上，我看到了来自农村的纯朴，却看不出任何的卑微。

像极了我自己！

3

不管结果，用心干好每一件事情，机遇或许就在那些看似琐碎、没有意义的小事里。我们不必非要去追求那耀眼的成就，而是可以用累积的方式，将一件件或许在别人眼中不起眼的小小成绩，堆积成山。

这是我处事的原则。

任何时候，都不要给自己过多的理由去原谅自己的过失，只有真实地面对自己，认识自己的缺点，才能用优点来弥补自己的缺憾。

这是我为人的信条。

我一直庆幸，父母虽没有给我一副美丽的容貌，却在我成长的路上培养了我自强、自立、自尊的性格，让我在平凡中沉淀、丰富自己。感谢父母给予了我一颗朴素的心，而不是浮华。

我希望我的学生们，也能如我一样，养一颗朴素的心。

2008 年 7 月 18 日

失败中，我们找到了自信

1

应该记住今天，这个特殊的日子。

当我带领我的兵们进入演播大厅时，立刻就有点傻眼了。忙忙碌碌的工作人员，以及走廊里架起的摄像机，还有穿行其中的各色选手，这豪华的阵势，让我们一路上好不容易凝聚起来的信心和勇气，瞬间荡然无存。

伴奏音乐，还有背景音乐，我们什么都没有，甚至在平日训练的时候，我的学生们都没有摸过话筒！学校会议室里的音响，是需要专人调试才能放出声音的，我对它束手无策，又找不到人来维修，于是干脆让学生们全部清唱、清合。

昨日的预赛是在一间简陋的教室里进行的，不需要任何的设备，但今天却不同了。

眼看节目临近，我与我的学生们，还在那里商量着是否跟别人借个伴奏的音乐。最后，我终于还是鼓足勇气，去找音响师借来了朗诵的背景音乐，但合唱的伴奏，却无能为力了。

2

从来没有见过如此场面的我们，切切实实地体会到了乡下人进城的局促和尴尬。昨日在数千人的参赛队伍里，我们还能寻到好多相似的身影，但今天，这样的身影几乎寥寥无几了。

因为害怕，我不停地发着消息，寻找着勇气。

上场了，四个人朗诵，但话筒只有两个。我们的四个孩子身高差距又太大，所以朗诵时几乎脱离了话筒的帮助，但他们的声音，竟比使用话筒的声音还大！

这让站在台下的我，无端地想到了岚山号子。

朗诵算是成功了，但六个人的合唱彻底砸了。因为紧张，这群孩子登台后竟然慌了，不知道调整一下话筒，在那里干号起来……结果，我们的成绩出现了全场最高分9.8分（朗诵）和全场最低分8.56分（合唱），合起来倒数第三！

我有点懊悔，倘若在上台前，我能够当机立断地删除合唱的部分，或许情形就能有变化了（虽然决赛可以只表演一个节目，但孩子们来一趟城里不容易，我舍不得为了成绩而剥夺唱歌的那几个孩子上台的机会）。好在孩子们看起来很快乐，他们在那里议论的是："还好，我们不是倒数第一。"

3

是的，还好，我们不是倒数第一。从那朗诵的最高分里，我们也看到了希望，毕竟这是我们第一次参加如此大的比赛，如果再来一次的话，我们会做得更好。

我们还有机会。

临结束的时候，竟然有电视台来采访，采访我们这群进城的孩子。孩子们第一次有机会上镜，全都凑到摄像机旁露了脸。他们张扬灿烂的笑脸，让我为这次进城找到了安慰。

2008 年 7 月 19 日

要学会平心静气地经营

1

上了一节心理课，讲的是"如何克服考试期间过度紧张的情绪"的内容。

事实上，我自己就属于那种一遇事就高度紧张、手足无措的类型。

讲课的过程中，我问学生："你们平常考试的时候，会有哪些表现？"

一位学生起来回答："老师，面对考试，我会很自信，迅速调整好自己，坦然面对考试。"

另一位学生回答："面对考试，我会很冷静，信心百倍……"

面对学生"圆满"的回答，我自愧不如。我们的孩子，自小就已经学会了"说话的艺术"。

不过，我还是越来越体会到教《心理健康教育》的好，上起课来轻松自如，颇有种海阔天空的感觉。我与学生能够自然地贴近，随意地交流，触摸他们每一颗单纯的心。在教育孩子的同时，我也在不断地改变自己，让自己保持阳光的心情。

下午的课是《百变心情》，心情就像天气，有时晴空万里、艳阳高照，有时阴云密布、雷雨交加。在课堂中，我听孩子们讲述他们的心情故事，一件件地给他们分析、释解，在这过程中，我也不断地修复自己，这种让自己平淡而宽容的感觉，真好。

与孩子们在一起，我忽然变得活泼、开心起来，这是一种没有任何修饰的快乐。

2

下午，日照市教研室领导来学校调研"五环节"课堂教学模式课题实施情况，我全程陪同听了三节课。因为是全市调研，其他兄弟学校的老师也来了不少。

遇到一位高中同学，同时又是师专的校友。课后，她拉我到角落里打听讲课老师的背景："何以课讲得不是很好，还能讲这样的公开课？是不是有很坚实的后台？"

我告诉她不是的，课题还在初期探索阶段，讲课的老师什么证件也不发。对于我的解释，同学有点不信，直到我告诉她，我就是这个课题的负责者，三堂课都是我指派专门老师讲的，她才相信。

说到讲公开课，最初的时候，谁都不想干这费力还要被人点评的事，为此我还费了不少口舌。

很多时候，我们习惯了闭门造车，教学也是。关起门来与学生交流，顺畅自然，而一旦要将自己的讲课变成展示，很多毛病就显现出来了。

现场课与优质课不同，优质课需要千遍万遍地磨，而现场课是真实客观的摸索探讨，没有那些刻意的造势。

我们平时上课，不可能每节课都像上优质课那样拿学生反复练习，最简约的上课方式，往往会有最丰厚的收获。

3

学生叶子，大学毕业一年多，多次参加招聘未果，至今仍赋闲在家。她常跟我唠叨此事，很是愤世嫉俗。于是我总是试图让她明白，一个人只要有足够的能力，总会迎来机遇，只是很多时候，我们都把精力用在抱怨上了。

学会平心静气地经营，一点一滴地积累，总有一天，你会发现，或许正是因为脚踏实地，你已经比你周围的人走得更远了。

4

期中考试成绩出来了，女儿的成绩正常，没有出现什么起落。

在考试之前，学校按照月考的成绩排位，女儿被排在了第一位。回家后，女儿说："妈妈，我感觉坐在第一的位置上，有种如坐针毡的感觉。"女儿的这句话，让我意识到女儿真的长大了，她在学习上有了压力。

在这之前，我一直以为女儿是那种对学习不在意，心态平淡不要强的孩子。诸如老师让她当班长，她自己辞职不干；课堂上其他孩子都踊跃发言，她却很少抢着回答；虽然能够及时完成作业，但她绝对不会多学，而是一有时间，就看课外书，只要是带字的，无论是杂志还是报纸，一拿起来就废寝忘食地读。

女儿说："妈妈，当第二的感觉很好，当第一的感觉却像在刀尖上，随时摇晃。"想想真是这样，将心比心，我完全能够理解女儿的感受，所以内心里虽然一直喜悦于女儿的表现，可表面上还是尽力地缓解女儿的功利之心。

我告诉女儿，学习最好不要有太强的名次概念。很多家长和老师，总会以名次来衡量孩子的成绩，而我不是。女儿每次考试后，我总是与她一起寻找差距，而不是纠结分数，该丢的与不该丢的分，我都会与她认真分析。我想让她知晓，虽然无法保证每一次考试都能考好，但是可以尽量做到会做的题不丢分，能做到这样，就是最好的了，因为这需要一种精致的细心。对于考试中遇到的那些不会的知识点，我们可以在试后慢慢地查漏补缺。

人是需要进步的，但不能脱离自己的实际，总是把眼光放在别人身上。与别人攀比会消耗大量的精力，我们应该教会孩子多关注自己，而不是他人，父母更是。

正确地面对成绩，对父母而言，也是一种智慧和勇气。

大多数的父母，在拿到孩子试卷的时候往往根本不去分析，而是只知道与其他同学相比，或者只看成绩的高低，一不满意，就立即对孩子大发脾气。这样的做法是完全不对的，会导致孩子产生逆反心理，甚至会让孩子逐渐失去信心，如此就得不偿失！

我们允许自己失败，给自己的失败寻找那么多的理由，为什么就不允许孩子失败呢？

所以，当女儿说起她有点不喜欢当第一的时候，我在表示理解的同时反问她，为什么总盯着自己第一的位子而不是将其忘记呢？我告诉她，在学习上，只有自己与自己的对比，那些所谓的名次，是老师的事，与她无关，她只需要用心学她的习，考她的试，做到把自己会的全部做对就可以了，绝对不能因一个名次而患得患失。

学习如此，做人更是如此。

你只管自己前行，不需要前顾后盼。

过　程

1

昨日，大哥欣喜地告诉我，他终于真正入党了，在八宝山陵前宣的誓。这一天，他等了整整三十二年。

三十二年的入党历程，这在我听来，简直匪夷所思，但我知道，大哥说的是真的。多年来，大哥不止一次地跟我说过他入党的故事。大哥曾说，经过漫长的过程，他早已不在意结果了，但回首走过的路，这一路上的经历却是一笔不小的财富。不过令人欣喜的是，这件事终于有了结果。

我由衷地笑了，为大哥的执着，更为大哥的豁达。很多时候，能如此长久地做一件事，实在太难了，别说三十年，哪怕只是十年的等待，都很难坚持。在这如此漫长的岁月里，一定会有很多条路供你选择，如果是我，我想我一定会忘记初衷，不知道拐到哪里去了。

记起少年时，学校发展新团员，名额很少，一个班里也就一两个，大多都给了那些有点背景的孩子。但那时候我是不懂这些道理的，像所有渴望进"组织"的同学一样，我一笔一画写好了入团申请书上交，其结果可想而知。就是这一次的失利，让年少气盛的我在整个初中阶段都对此耿耿于怀，直到进入高中，才真正入团，我也因此成了伙伴中最晚入团的——这不是别人的错，只是因为自己执拗。

从大哥淡然的坚持里，我看到了自身存在的不足。虽然历经多年，当年的介怀早已消散，但自己的执拗与固执，却一如既往。

2

"我在享受过程的快乐。"大哥说,"无论做什么事情,当过程足够长的时候,跋涉其中,就会忘记结果。"大哥说的是他的体会,我也在用心揣摩这份来自大哥的感悟。

就如生命一样,生与死,这是每一个人的开始和结束,这之间的岁月,就是生命的过程。这个过程太长了,以至于我们很多时候会忘记最终的结果。

在这个过程中,我们来来回回地在无数条通道上跑着,其间会遇到无数个拐角。当我们从一个个拐角穿过,回首时或许会发现,我们停留在某个拐角的时间太长了,有时候甚至做了很多的无用功。但正因为我们无法预测结果,所以过程被人为地拉长了。

不要埋怨因为未知而被拉长的过程,因为在这一过程中,你的收获一定会比一帆风顺时要多得多。

享受过程,也是睿智之人的选择。

3

我将大哥入党的故事讲给我的孩子们听,同时还讲述了我的一位同学立志成才的故事。在我的记忆里,那位同学是那种不太聪明的学生,她与我是小学同学,当我读高中的时候,她还在初中苦读,当我将要大学毕业的时候,她还在一遍遍地参加高考。就是这样的一位同学,前几天,我竟然听到了她攻读博士的消息。

我想借此告诉我的孩子们,人生就是一场长跑,不要因为暂时领先就沾沾自喜,不要因为一时落后就自卑怯懦。如果你不够努力,最初的优势,也会被生命的长河冲淡。正视差距,而后坚持不懈地努力,唯有如此,方得甘甜。

爱才是生活和教育的核心

1

晚饭后与女儿一起出去散步，女儿抱着我的胳膊，走在我的右侧，一路上说说笑笑的。最后，我们谈到了过去，女儿说："妈妈，我到现在还特别想念小时候教我的那个老奶奶，真想回去看看她。"

女儿说的老奶奶，是我们还在乡下的时候女儿的数学老师。那时女儿刚刚四岁，因为没有正规的幼儿园，我直接把她送到了一年级。在班里，女儿自然是最小的，但那个时候的女儿，一百之内的加减口算已经做得跟我一样熟练了，所以女儿受到了老师的特别喜爱，常会被老师当作"宝贝"一样，被安排上台"表演"，给那些大她三四岁的孩子做榜样。

我工作的学校与女儿的小学之间有三四里路，因中间隔着204国道，所以我必须接送她。那时我们的生活真的很简单，每天除了上课，我所有的心思都用在构思怎么与女儿相处上。每一次在小学门口等候女儿时，因女儿的名气，我成了家长们眼中的英雄，受到了他们最高的尊敬——常有不熟悉的家长送我新鲜的蔬菜与瓜果。放学了，在一群高高矮矮的孩子中间，我老远就会看到夹在他们中间的小不点女儿欢快自信的笑脸。每当这时，我就会蹲下身子，张开双臂，任女儿像一只飞奔的小鸟投进我的怀抱。然后，女儿便迫不及待地掏出她的作业本，让我看上面老师的评语。那时候女儿口中所说的那位奶奶老师，喜欢在女儿的作业本上写上一个"好"字，这"好"字因为写得潦草，像极了一个活灵活现的兔子，所以每次获得这样的评价，女儿都会欣喜地告诉我："妈妈，老师又奖给我了一个趴趴兔子。""那么棒啊，女儿，走，咱回家把兔子养起来。"每一次我都如此回应女儿的快乐。

记忆中，幼时的女儿性格开朗，活泼好动，喜欢表现。但 2002 年当我调到这里时，考虑到女儿年龄太小，就让已经上一年级的女儿又上了半年的幼儿园。或许是因为环境的改变，女儿自那时起变得内向起来，一向好表现、争强好胜的她，变得比同龄的孩子成熟稳重得多。因为自己性格内向，我潜意识里一直不希望女儿像我一样，所以夜深人静的时候，我常常反思，自己当初工作的变动，对女儿来说是好还是坏。

好在女儿虽然性格有所改变，但一直优秀。

为女儿想回去看看那位奶奶老师的想法，我答应女儿，下个星期就带她回去——说起来，自离开那里之后，我也再没有回去过，是该回去看看了。

<h2 style="text-align:center">2</h2>

女儿对她幼年时那位老师的思念，也让我回忆起自己求学过程中，那些几乎改变我一生的老师。

记忆最深刻的，是我初中时一位姓王的英语老师。王老师教我们时刚刚结婚，年轻气盛的，他个头不高，也就一米六多一点，说话很是尖刻。印象最深的是他曾经当着全班同学的面讽刺一位学生，说"你的爸爸是屠夫，而你也是当屠夫的料"。那时候我们几个女生私下里传言，说王老师偏爱那些长相漂亮的女学生和个头矮小跟他相似的男学生，想来也是有一定依据的。

我那时候自然不在王老师的喜欢之列。刚上初中的时候，我的身高就已经一米六多，但体重只有 49 斤，近乎是一个"怪胎"的样子吧，我也因此倔强而又自卑。遇到这样的老师，不被关注，甚至偶尔还会从老师的眼神里敏感地察觉到其他的情绪，结果可想而知，就是拒学。所以当时的自己，数理化成绩虽然能够在班级里名列前茅，英语却一塌糊涂，以至于到了高中，虽然遇到了像李平（四中的一位英语老师）那样温柔负责的老师一再用心地帮助我，我却再也无法改变自己糟糕的英语状况。因为英语的缺陷，在高考的分岔路口，我失去了选择的权利。

应该说，初中的那位王老师，是改变我命运的一位老师。多年前，不懂事的我们——几位与我一样曾经受过他"讽刺"的难姐难妹，每每相遇的时候，对他的抱怨成了唯一的话题。但当我也成了一名老师之后，见多了各种各样的孩子，却也能谅解宽容了。我明白了当初错的不是他，而是性格不够强大的自己。

去年，在去日照开会的时候，我遇到一位初中同学，他目前教英语。说起王老师，他满怀感激，他说那时候自己特别矮，很自卑，是王老师特别的宠爱，才让他把英语学得那么好……听了他的讲述，我就笑。记忆里的王老师与这位同学说的一样，对同样矮小的他的确特别偏爱，偏爱到一种让我们眼红甚至嫉妒的份上。

同样的老师，是我生命中的灾难，却是我同学生命中的贵人。想想看，如果当年的自己能够不在意老师的偏好，只管学好自己的习，不太过执拗，或许就不会有后来拮据的境遇了吧。

再怎样偏心的老师，课总是正常上的。

因自身的经历，当我走上讲台，面对学生时，我总是小心且谨慎。我一次次地告诫女儿、告诫我的学生，你可以不喜欢你的老师，甚至讨厌愤恨你的老师，但你绝对不能放弃你的学习，那样吃亏的是你自己。但我知道，学生毕竟还是孩子，没有经历过刻骨之痛，他们又怎能真正领会呢？所以，作为一名老师，要尽可能地让更多的学生喜欢上你，即使不能喜欢，也不能让他们对你产生愤恨的情绪。不要在你的学生面前表露出你的厌烦，要让你的学生感受到你的爱，感受到你发自内心的对他们的喜爱，这比任何的教育都有效得多！

3

看《情之缘》，故事后面讲了吕也平推荐商雪娟去一个敬老院当院长，吕也平的理由是商雪娟有一颗敬老的心。这是这个电视剧中，吕也平说得最好听的一句话了。当老师也是，如果你没有一颗爱学生的心，即便拥有多么渊博的知识，也未必能教出优秀的学生！

爱才是教育乃至生活的核心。因为有爱，女儿念念不忘她幼年时的那位老师；因为无爱，我感受到过彻骨的愤恨；也因为有爱，我的那位同学走出自卑，改变了自己的命运……

这样的例子实在太多！

我们无法改变别人，就改变自己。多播撒一些爱，给别人带来欢乐；多完善一下自己，不受他人态度的影响。

跟自己比

忙碌的周末！星期六的家长会，星期日的职代会。

1

遇到了几位熟悉的家长，阅读了几位孩子写给家长的信（我们在开家长会前，要求每一位孩子必须给家长写一封信，放到桌面上，等家长自己来拆封）。

大多数孩子在信中叙述的都是父母的辛苦，以及自己考试成绩不够理想，下定决心迎头赶上之道理。只有一个孩子例外，那是一个特别优秀的孩子，在此次期中考试中，她的成绩是班级第二，年级第三。但她在写给母亲的信中竟满是怨言，一是说母亲对自己态度不够柔和，质问母亲是不是因为自己总是不能考第一；二是发狠，说自己下次一定不能再考第二了。她的母亲把信给我，让我看，然后说起孩子，说得最多的竟也是抱怨，说什么女儿在考试中看错了题，等等，让我无言。

作为老师，我知道，考试中可能存在看错题的情况，但对于顶尖的那几位学生，这种错误导致的失分几乎被限制在 1 分之内。

但我无法评判这个孩子，因为在读这个孩子的信之前，她给我的印象是特别懂事、特别刻苦，即使生病，也不会耽误一节课。她好问，有礼貌，是个难得的优秀孩子，但读了她的这封信，我对这孩子有了另外的看法：一个太过于好强的孩子，一个被嫉妒填满内心的孩子。这样长久下去，她必然会让自己背负上一个像肿瘤一样巨大的包袱，最后步履维艰、寸步难行。

我本来想跟这位母亲探讨一下有关第二和第一的问题，但也算巧了，女儿恰好是本次考试的第一名，而且女儿的成绩一下子比第二名高出了近三十分。面对这位母亲的诉怨，我反而惶惶然了，仿佛是女儿抢夺了她家孩子的第一。我张口劝说，就有了另外的含义，所以只好不说。

2

开完家长会回家，我还是觉得不妥，心里闷闷不乐的。

为那个孩子信中的哀怨。

我也是那孩子的老师，一直像喜欢女儿一样喜欢着她，她也是女儿最好的朋友。客观地说，这孩子在大多数方面都要比女儿强得多。她自理能力强，特别能吃苦，在平日的交往中要比女儿活络得多，礼貌懂事，而且好表现，几乎在各个方面都有突出的能力。唯一的缺点就是太要强，以至于老师不得不经常给她调换位置。

女儿恰好相反，她属于那种不争不抢、过于安然的女孩。女儿上小学的时候，在辞去了所有班职之后就一直什么班干部都不当，一心想着空出时间读书（读课外书）。女儿几乎与所有的同学都相处得不错，在女儿的世界里，没有一个坏人，有的只是不同性格、不同特点的人。女儿经常跟我说起班里那个智力有缺陷的女孩子，女儿说："妈妈，你上课时也要表扬一下她，她怪可怜的，自上学以来就没有得到过老师的任何表扬，其实她也很努力的，成绩不太好又不是她的错。"于是，我听从女儿的话，上课时有意地注意那个角落里的孩子。虽然那个孩子的成绩依然是倒数，但我仍用十倍的努力去照顾她。

从女儿那里，我收获了平和。

而从那个过于好强的孩子身上，我看到了曾经年少气盛的自己。

有时候想想，我得感谢女儿。

3

千万别拿别人与自己比，如果去跟别人比，只会比垮了自己。

既然不能跟别人比，那就跟自己比吧。

跟自己比的好处有很多，最重要的一点，就是能够比出一个心平气和来。

女儿家长会上的感悟

1

在昨日的家长会上，或许因为女儿的成绩，我成了众位家长围堵的对象。家长的过度热情，反而让我的心里惶惶不安的。面对着一群群"望女成凤""望子成龙"的家长，我给他们一一分析他们的孩子。虽然我不是这个班级的班主任，却因为带着这个班级的课，同时还是这个年级的"承包者"，所以对这二百来名学生里的每一位都很熟悉。

我一遍又一遍地跟家长们强调，孩子的身体健康、心理健康才是最重要的，然后才是成绩。作为家长，我们不能总是把双眼直盯着别的孩子，而应该自始至终地将我们的关注给予自己的宝贝。

只要他努力了，至于成绩，那就是另外的事了。了解自己的孩子，包括他的弱点和优点，帮助他设置一个适合自己的目标，这才是我们最应该做的。

但我还是看到有数位因愤怒而涨红了脸的家长，像老鹰抓小鸡一样拉着他们的孩子，用手戳着孩子的额头，像是在数落犯人一样地指责着。看着他们过分"嚣张"的气焰，我更是不安，仿佛这一切的过错皆因自己。

同样作为父母，我能理解他们的那份焦急与无奈。很多时候，孩子的成绩成了父母的面子，但无论如何，也不该轻易地把手掌拍向孩子，特别是在老师和同学面前，请给孩子留足尊严。

一定要用足够的耐心去爱你的孩子，只要他健康、快乐就足够。遇到困难时，要陪着孩子冷静地分析出现在他身上的每一个问题，与他共同解决，给他足够的支持和信心。只要他付出了努力，无须太过在意他的成绩。

　　并非所有的孩子都能成为"爱因斯坦"，但可以让所有孩子都各尽所能，自立自强地生存在这世上，这就足矣。

　　三百六十行，行行出状元。如果作为父母的我们成不了"爱因斯坦"，那就别去强求孩子一定要实现你的目标，让孩子自己选择他的路！

2

　　绕开那一大群激动的家长，我来到了会场的一个角落，那里有几位沉默的家长，他们的孩子，单论成绩，排在了最后。我想与这几位家长进行沟通，我想告诉他们，他们是今天这个家长会上最值得尊敬的人——因为他们明知道自己的孩子成绩不好，却还是积极地来了。在整个会场上，我见到许多家长拿着成绩单，指指点点地把自己的孩子与后面的这几个孩子进行比较，并不时说着一些诸如"看，你这科的成绩竟然跟某同学的一样了"的话。他们说这话的时候并不忌讳身旁的"某同学"，而作为"某同学"的家长，他们只能同孩子一起孤独地缩在角落里。看着他们，我真的很心疼。

　　那几个孩子，虽然学习成绩不尽如人意，而且他们上课也基本不听讲，因为即便是讲最简单的方程他们也无法听懂，但是他们却能够做到在每一堂课上，都鸦雀无声地坐在那里。想想他们不过也只是孩子，正处在顽皮的阶段，既然他们对于学习根本就不感兴趣，我们就不应该再单纯地以成绩来要求他们。

　　一位家长告诉我，她的孩子小时候生过一场大病，脑部受了伤。她也不奢望自己的孩子能与别的孩子一样，只是每次开家长会，她都会感到难过。我说："首先，您的孩子很懂事，在班级里遵守纪律，品质很好，这是您教育的功劳，因此，您应该为您的孩子骄傲！其次，作为父母，我们最希望的就是孩子能够健康。想想他曾经的那场病，而现在您的孩子很健康，为这，您也该满足。更何况学习成绩因人而异，只要他尽力了，也就足够了。"

　　我一直不赞成父母拿自己的孩子与别人的孩子比，每一个孩子，都是一朵与众不同的花朵，需要我们用全部的爱去浇灌。

我喜欢这种纯粹的快乐

1

想起那日带四十名学生去日照参加比赛，我穿梭在他们之间，与他们共同分享各自捎来的各种美食，那感觉真好！

悦是个爱唱歌的丫头，她无论走到哪里都会将耳机塞进耳朵。那天在路上，她硬是把耳机塞到了我的耳朵里，她说："老师，你也来欣赏一下音乐吧。"玉是个内向文静的女孩，她一路上只是微笑，却不失时机地将她手中的虾条、米花往我嘴里送，既不让我闲着，也不会让我噎着。阳是个特别调皮的大男孩，为了让他老实，我一次次地跟他瞪眼，他就一次次地给我立正敬礼，可每次还没等我转身，他就又在那里手舞足蹈了……

面对这群可爱的孩子，同行的周老师还一直担心他们上台的时候会表情僵硬、缺少生气。但我对他们一百个放心，因为我了解他们，一旦上台，他们就会拿出一百倍的精力。

事实上也确实如此。

2

我喜欢这群孩子。

像熟知我的女儿一样，我熟知他们中的每一个，诸如要强的陈、开朗的佳、执拗的洁，还有内秀的肖……

午饭是在酒店吃的，十人一桌，我进去的时候，孩子们早已坐好了。阳把我拉到了他那桌，上菜了，阳叫起来："老师不动筷，谁也不动啊！"众人响应，我喊："女生不动手，男生也别动啊。"于是几位男生做困苦状。阳干脆站了起来，他一米八的个头，立马就覆盖了半张桌子。他先是笨拙地给我的盘子里夹了很多菜，然后又为女生们夹，大家嘻嘻哈哈地，无拘无束地快乐着，到了最后，不知是谁说了句："怎么没有萝卜干呢？"

"我去要！"又是阳自告奋勇地去了后厨，不一会儿，他果然端出来一碟咸萝卜干。众人大笑，阳却很认真地围着饭桌给大家分发萝卜干。

与他们在一起，我真的很开心。

那一天，我不停地说话，说哑了嗓子。

3

我喜欢这种近乎纯粹的快乐，远离那些烦琐的规则和套数。人与人之间，简单得就像两条在海里自由游弋的鱼儿一样。大海是那样的宽广，谁也不会挡了谁的路，谁也不用去指点或者在意别人，我们只是单纯地快乐着。

规范自己

1

午饭的时候，我与女儿说起办公室里的一位同事，因为儿子偷偷拿了一元钱，于是忧心忡忡，全家上纲上线开批斗会的事。女儿笑道："妈妈，我也偷拿过钱。"

我说我知道呢。

女儿小的时候，我经常看见她偷偷地从家里拿毛票去小卖铺里买糖果，后来为了不让女儿过多地吃糖，我只好把家里所有可能出现零钱的机会都掐死了。记忆中，我从来没有说过女儿一个偷字。拿与偷是完全不同的概念，几岁的孩子是没有偷的概念的，我们为什么要把这不洁的名词，硬生生地塞给孩子呢？

女儿跟我说起了她那次拿钱的经历，她从我的包里拿了五元钱。她说："妈妈，你知道五元钱是什么概念吗？对那个时候的我而言，那是一笔很大很大的财富，我不知道把那五元钱藏在哪里才合适，放在书包里怕丢了，放在兜里又怕被你看到，最后折腾了好几天，还是忘记把它放到哪里了，最后还是丢了。"

女儿跟我说这话的时候，一直笑着，我也笑，我能想象出女儿幼小的心灵那时候有多么惶恐。"不过自此之后，我再也没私自拿过钱！"女儿说，"我讨厌那种特别不爽的感觉！"我笑，我能理解女儿，从女儿小时候开始，我就教育她做一个坦坦荡荡、心胸豁达的孩子，看来效果不错。

2

昨晚吃饭的时候，我给女儿罗列了十来个她同学的名字，让女儿给他们分类，并说出分类的原因，女儿很愉快地做了。这里面有苦学型，有敏感型，有单纯善良型。女儿的划分与我稍有区别，于是我就以近二十年面对学生的经验，给女儿仔细分析解释我的划分理由，就如教她做一道连线题一样，女儿欣然接受了我的观点。

之所以与女儿费心地去做这个题，是因为我无意间发现女儿最近与班上一位"另类"的女生走得很近。那女孩子属于泼辣型，倒也聪明伶俐，但也好惹是生非。十二三岁的孩子，正处在叛逆期，我不希望女儿也泼辣如斯，所以私心不希望女儿学了去，因为我一直认为，即便是小孩子，也需要择友而交。

在一番讲解中，我只字没提那女孩的事，只是问女儿，谁才可以成为她最好的朋友。女儿通透，自己得出了我想要的答案。

我从来没有在心底排斥过哪一位孩子，但也从来不单纯地以为所有的孩子都善良得像羊羔一样。父母与父母不同，因此也就决定了孩子与孩子的不同。单从学习方面来讲，专家们说的"没有学不好的学生，只有教不好的老师"纯粹是谬论；但从做人上来讲，却真的可以用这一句话来概括了："没有做不好的孩子，只有做不好的老师和父母。"

很多时候，我们无法去规范别人，只好规范自己。

真正的平等，靠自己争取

1

那日，我在我的日记里用了"老成"这个词来评价自己，用完之后又揣度，觉得有点过，有那么一种无知装渊博的味。

事实上也是如此。生活中，或许除了我自己，再没有人如此认为了，就连女儿也常说："老妈，你别幼稚了。"

我有点无奈，在通透的女儿面前，我那作为老妈的尊严，随着女儿的长大也在渐渐消失。不得已之下，我只好将大部分时间都用来读书，读除了英语之外女儿所有的书，借此来与女儿同步。

记得多年前，我曾写了一篇有关母亲素质与孩子成长的论文《与孩子一起成长——浅析如何提升母亲素质，做一个好母亲》，那篇论文是我有史以来写得最用心的一篇文章。而后的日子里，我也一直很认真地遵循这一原则，与孩子一起成长。

2

这些日子，女儿不止一次地跟我说起她们班里的一位女生。女生的父亲因为一场车祸成了植物人，肇事司机逃逸，女孩母亲不堪生活重压，离家出走，女孩跟随八十多岁的爷爷生活，靠爷爷的低保勉强度日。

那女孩特别内向，学习成绩一般，但很努力。这几天我每次去女儿班里检查，都会发现女儿与那女孩在一起，我知道，女儿爱心泛滥了，她在试图帮助那女孩提高成绩。

但我知道这是很难办到的。

我记得去年，我曾经为这女孩争取了几百元的救助，但女孩坚决地拒绝了。她找到我说："老师，我不需要救助。"我尊重她的意愿，只好取消了对她的帮扶。我知道，她是一个倔强而又敏感的孩子，或许几百块钱的救助对她而言是一种压力，远远大于她所能承受的范围。事实上，在某种程度上，我自己也讨厌那种近乎施舍的救助，所以我尊重她的选择。

我不知道女儿从哪里知道了这些，这几天她总是缠着我，叫我一定要好好地帮一下那女孩。女儿说："妈，她自小就没有妈妈呢。"

我能理解女儿的感受，但我知道女儿的思维错了。在这世上，人对自己的出生是没有选择余地的，人活着，就是为了能够自立地在这个世界中生存，并非所有的人都要走同样的路。女儿显然只是简单地相信了"知识改变命运"的说法，认为那女孩只要好好读书，考上大学就可以改变命运了，她却不知，现实生活中又有多少穷困潦倒的大学生呢。

在与优异成绩无缘的前提下，我倒认为，对于那女孩而言，最好不要为她营造诸如此类的高远的梦。她最重要的，是现在就坚强起来，面对困难，担负起她该担当的责任。

这样说有点残酷，但我也无奈。

他们说，人生来就是平等的，事实上根本不是。人不仅生来就不平等，在后来的人生中也不平等，真正的平等。需要靠自己努力争取！

俯下身子，陪你成长

1

那日与一群姐妹一同吃饭，吃着吃着，就说起孩子的教育来。

其中的一位姐妹说起她同事的一个孩子，才上二年级，便知道考好了就将试卷带给母亲看，考不好就瞒着母亲。才上二年级的孩子，就如此"通透"，真是让人心疼。

现在的孩子，大约自蹒跚学步起，就开始了"考"的历程。

这个历程，像人生，谁都很难保证它能呈一条射线直上云霄，曲曲折折，本是自然。但可叹的是，我们虽身在这起起伏伏的曲线之中，却总是很难看透。

什么才是成功的人生？我想除了极个别有着非常"高远"目标的父母，希望自己的孩子能成就伟大业绩，大部分父母对于孩子的期盼不过是希望孩子能够健健康康地成长，快快乐乐地生活，有一个安逸的家，有一份稳定的工作。但几乎所有的家长都在按照让孩子成为伟人的目标要求孩子，于是就出现了那么多的矛盾与冲突。

这是一个很难走出的怪圈。

2

怎样才能走出这个怪圈呢？关键在于父母。

我们时时刻刻都要明白，孩子是我们的骄傲，但我们绝不能将自己的意志捆绑在孩子身上。很多时候，相对于外人而言，作为父母的我们缺少足够的耐心，更缺少足够的毅力，在孩子面临困惑的时候，我们往往不仅不给予疏导，还对孩子进行打压。

就如上面提到的那个孩子，他之所以不敢将没考好的事告诉母亲，一定是惧怕母亲严厉的惩罚。考试失利对于一个二年级的孩子而言，本就是一个多么"不幸"的大事，遇到这样的"不幸"，孩子本应该从母亲那里寻求安慰，如今却选择了隐瞒。从这个角度来说，在孩子幼小的心里，已经开始将母亲排除在自己最信任的人之外了。

作为母亲，是否应该反思？

回想一下，我们在成长的过程中，也经历过诸多次挫折，有过多次失误。我们的孩子不是"圣人"，所以我们应该允许他们犯错，只不过，我们要学会俯下身子，陪着孩子一起寻找犯错的根源。这一点，我们做到了吗？

扶贫路上的期望

1

当那个家长站在我面前的时候，看着她抹得有点"过分"的脸，还有涂红的嘴唇，我的内心是很不爽的。我知道，她是来要资助的，因为又到了期末收取试卷印刷费等杂费的时候。

果不其然，女人开口的第一句话就是："成老师，怎么学校又要收费？我听说其他学校都是免除这类费用的。"女人手里拿着一张红纸，正是前期我下发的关于国家对建档立卡的贫困户及低保户家庭的优惠政策宣传通知。她将其中的一段关于幼儿园还有高中阶段课本费收取政策的话指给我看，我看到那句话的下面被画了重重的红线，想是这女人已经将这句话研究得透彻极了，但她怎么就没有发现这政策针对的对象是幼儿园和高中的学生呢？

对此，我只好无奈地再一次给出解释：国家早就免除了义务教育阶段的课本费和书本费，所以就没了这一方面的补贴，至于目前学校收取的百十块的费用，是因为这学期印制考试试卷的工作被学校的油印室承包出去了，所以说这是学校收的费，实际上属于个人行为。

2

事实上，对于义务教育与非义务教育阶段收取课本费和书本费等相关问题的解释，我记得这已经是第五次与这位女人解释了。但无论我怎样解释，女人就只是抹泪，说她实在没有钱交上这笔费用。她在那里絮絮叨叨地讲她家面临的困境，以及两个孩子不能像别人家的孩子一样上辅导班的事实。女人说，她的小儿子在小学里成绩倒数第一，大女儿也总是学不好，女人将导致这一切的原因都归为家中没钱让孩子上辅导班……

这理由让我有点郁闷。我熟悉这个女人的孩子，纯粹就是那种上课睡觉、爱好玩乐的学生。在课堂上都不学，上辅导班又能如何？

那女人哭得起劲，眼泪在她的脸上留下一道道水痕。看着女人哭花了的脸，我的内心忽然升腾起一股无奈的愤怒，但又不能表现出来，只好压抑着情绪在旁边不停地安慰。

3

我去过这女人家至少四次。女人家住在四楼，家里的两个孩子一个读初中，一个上小学。孩子父亲患病，需要长期吃药，生活的确拮据，令人同情。但再怎么拮据，让两个孩子正常上学是没有问题的，因为国家每年对两个孩子的补助就有 6000 块钱，另外社区和政府也给这家办理了低保，因此其基本的生活还是能保障的。

让我感到不平的是，这女人一有风吹草动，就跑学校里哭诉，对扶贫政策的敏感度竟然比我还超前！女人是年轻的，看起来面色红润，眼角光滑平坦，没有一丝皱纹，双手细腻白皙，很明显没做过什么粗活。她的手腕上戴着一个很有重量的银镯，所以每次见她，我的第一个想法就是：这镯子得多少钱啊，为何不卖掉为孩子买书？她的口红涂得这样厚，多久就需要用掉一只口红？她如此悠闲地来学校一坐就是半天，如果去打工的话，半天也能挣几百元钱吧！

我为自己的想法感到汗颜，但事实上，我确实难以抑制自己的这种想法。我知道命运不公，这世界上有好多可怜之人，但可怜不可怕，可怕的是可悲，让人看不到希望。

为此，我感到伤感。

回顾这二十多年来的扶贫路，曾经的热血与激情越来越少，我甚至能感到自己的血在慢慢变凉。

见多了，真的见得太多了。

我多么渴望见到即使贫困，但始终昂扬向上的一群人。

为我采花的男孩

1

2020 年，我在重庆市黔江区支教，为期 5 个月。9 月 19 日，我跟随冯家中学的吴校长，去大山里参加一个扶贫项目。吴校讲了一路冯家中学的发展史，他讲得很是动情，我们听得也很是感慨。吴校是个特别有教育情怀的老师，也是一个才华横溢的老师，他会弹各类乐器，字写得更是让我佩服得五体投地。他教过数学、物理，目前带着毕业班的语文。他说，学校里缺什么学科的老师，他就教什么。

他领着我们去看他为招生去过的村落。村落稀稀拉拉地散落在群山里，山道崎岖，许多地方都是 90 度的弯道，两岸是悬崖峭壁。我们坐在车里，胆战心惊，好在吴校的车开得熟练而平稳。路上他跟我们讲起他上山招生宣传的经历，他说山里的农户相互之间住得很远，跑不了几户天就黑了，所以他经常要留宿在农家。因为这些，吴校对这片大山非常熟悉。这一路上我们也遇到了好几个进山狩猎的猎户，这些猎户都认识他，他们与吴校很亲热地打着招呼。这一刻，吴校不像个校长，而更像个猎户。让我特别敬佩的是吴校能说出每一位猎户家孩子的现状，如果不是特别的热爱，绝对不会记得每一位孩子的名字。

2

我们的目的地是那个叫作云上的山里。山顶住着一户人家，家里有一对双胞胎，孩子的父母都在外打工。

我们到那里的时候，男孩和他的双胞胎妹妹，还有一只叫作宝儿的狗，正在山顶。山顶有一个凉亭，女孩正在写日记，男孩在与他的宝儿嬉闹。山顶上到处都盛开着紫色的花儿。对于我们的到来，他们一点也不认生，男孩甚至采了一大束花送给我。他说，花与我的衣服颜色同色。他为我采花，我也把希望的种子埋进他的心里。我告诉他，山外有海，我来自那个叫作日照的地方，我希望他有一天能走出大山，去看海。

他跟我讲起外出打工的妈妈的事，并允许我抚摸他的宝儿。他说，希望我常来看他。

这一对孩子，成了我黔江之行的牵挂。

3

七点钟的冯家，还被笼罩在晨雾中，依稀可以寻到夜的影子。我沿着跑道慢慢地走着，直至走到群山从雾纱中露出青翠的模样。

山间不知岁月长，我逐渐从最初的游离到如今越来越融入这一处山水里。是的，是这片山水，因为它保留着太多自然的痕迹，自由而散漫，随性而张扬。在这样的土地上，没有过多的锤炼修剪、强输强灌，拼搏的灵魂或许更能卓越地成长。

我记起那隐藏于水上云市里的古藤，在千年风雨里恣意生长。将藤化为树，是蜕变，亦是积聚。

那个在山顶写日记的孩子，是否会将我的到访写进她的日记？我想一定会的，因为我告诉她，所谓的日记，就是用说话的方式讲述一日的经历。她跟我讲山里每朵花的故事，我跟她讲山外大海的故事，我来看山，她也能去看海！这是我在她心里留下的种子。终有一天，这颗种子，亦会如那藤一样，蔓延生长。

结束语

是结束亦是开始

十年实中路，执着负重行

1

2021 年，我所在的学校——岚山区实验中学升级为九年一贯制学校。而这一年，也恰逢学校建校十年。学校要求所有员工以"我在实中的这几年"为主题，写一篇文章，于是就有了此文。回顾这十年，因为工作不断调整，我走得一直很吃力，好在我一直都在努力。

为了写这篇文章，很长一段时间里，我都在努力回忆这十年走过的路，但是很无奈，我的大脑常处于一种空白状态，近些年的记忆竟然渐渐模糊，却记得很久很久以前的事，仿佛时间倒流。这让我很困惑，只好慢慢地翻阅曾经的日记，还好，因为有它们，我慢慢地回忆起了种种往事……

在此，就以此文，作为本书的结尾吧。

2

2011 年，我 40 岁。

这一年，是我来岚山工作的第八个年头。我是个慢热且恋旧的人，在我刚刚熟悉了自己的新单位的时候，却又面临着岚山头国立中学的解体和岚山区实验中学的成立。在去还是留的选择里，我选择了留在实验中学。

时隔十年，我翻出曾经的日记，重温当时的心情。

2011 年 8 月 16 日

八 年

——谨以此篇献给自己，为过去，也为未来！

又是八年！

清晨起来，站在后窗前，望着已经破败的校园，我忽然想到，自 2002 年冬天来到这里，又一个八年过去了。我的第一个八年，是在那个叫涛雒三中的地方度过的，我在那里实现了我青年时的所有梦想，结婚、生子，然后低着头、弓着腰，一步一步地向前走。我的所有快乐和忧伤，都与孩子和学生有关。而后多年，回顾起那段日子，我曾感慨，我的青春和热血就好像泼出去的水，蒸发在天地之间了，不曾留下任何存在过的证据，唯见岁月流逝的痕迹。

现在的我，开始怀念那八年竭尽全力奋斗的时光了。

一个人带着孩子，从她出生到牙牙学语，一直到她能跑会跳去上学……

一个人教着六个班，还当着班主任。不懂得曲意逢迎，也很少受到奖励，却一直顽固霸占着教学成绩第一的位置。

我不知道拿那么多第一有什么用，只是如此拼命着。孩子、学生、做饭、吃饭、上课、睡觉……一切都在有条不紊地进行着，我的世界，就这么大。

我从没有去仰首望过星星，即便出门就是田野、群山和绿树，我也从没有像现在这样，还会畅想，还会有万千思绪。

我的日记里，记录的都是孩子的点点滴滴，细微到她今天做了什么事，亲了我几口，说了哪些话……八年时光，我始终蜗居在那里，从不去想窗外天空的广阔。

现在的我，以过来人的身份回首，发现那个时候的我，还是"孩子"。

又是八年，我来到这里。陌生的环境，对我来说是挑战，也是机遇，我在成长。

我的成长，源自 2006 年的那场竞聘，我竟然走上了学校的一个小小的管理岗位。从此，我开始了扶贫助学的生涯。

最初的时候，我很惶恐，甚至因为无法承受别人的一句诽谤而哭泣。但好在我有一颗足够善良的心，我足够有耐心，更足够执着，我努力地做好我应该做的一切。五年时间，我让学校的妇女工作走在全岚山区乃至全日照市前列，我们学校成了全区第一个获得市巾帼文明岗的学校，我本人也获得了日照市巾帼建功标兵、日照市春蕾计划先进个人等称号……

无数个深夜，万籁俱寂时，当别人已经进入梦乡，我还在电脑前敲击键盘。五年间，我完成了一个国家级课题，一个省级课题还有一个市级课题的申报、研究及结题工作，总共有数十万字的成果。通过努力，我体味到了一棵树成长的历程，并渴望着花开。

从发芽到吐蕾到开花，我一直努力执着地前行。

八年已去，又是一个之初。

学校不复存在，我又将置身于新的环境、新的位置。我是个不喜变换的人，一旦入心，一生相随。而今，我就像那入坑的萝卜，再一次被拔出，重新栽种，怵，是发自内心的。

但我不想放弃努力，所以逼着自己前行。我走得很忐忑，很矛盾，很不安，很无助，但也很执着！

（摘自我的日记）

对实验中学，我很憧憬！

3

是的，忐忑的同时，我也很憧憬，我憧憬新的学校，憧憬区委和区政府为我们画出的宏伟蓝图，憧憬未来的岚山区实验中学，能成长为像日照市新营中学这样的名校。作为开创者，我们是否也可以在实中留名？

为此，我一直在努力，并且一直在执着前行。

2011—2012 年，我任职当时岚山区实验中学东校区九年级的级部主任，这届学生也是实验中学成立以来的第一届毕业生。那一年，我们没有生源上的优势，在有诸多不利条件的情况下，岚山区实验中学的中考成绩竟实现了开门红！成绩的取得，全靠教师和学生的努力。

当时，东西校区学生的成绩差距很大，东校区（原岚山头国立中学）因为诸多原因，生源流失很大，这级学生的前十名，仅留下一人。

为了寻找当年的记忆，我翻出了当年我在毕业班会议上的一次讲话。

毕业班会议讲话

自9月1日开学，到现在已经三周了。应该说，从这三周的上课情况来看，级部里的每一位教师都表现得非常认真、积极。学校领导都看在眼里，对此也表示了满意。

在这三周里，常主任数次跟我说起加强毕业班课堂教学管理的事，跟我说了西校区一些比较好的做法，希望我们两个校区尽快进行沟通，互相取长补短，为明年的升学做好准备。

实验中学的建立，从区领导到教育局领导都非常重视，老百姓也都在关注着。可以说，学校初建，承载了很大的压力和希望，而这压力和希望又与明年的中考紧密相关。所以，作为实验中学第一届毕业班的教师，我们压力很大！

上周，两个校区搞了一次诊断性测试，从测试结果来看，与西校区相比，东校区的成绩还存在很大的差距，这更让我们感到担负的压力之大。

好在有压力才有动力，因为落后，提高的空间才大。

我先来分析一下上周的诊断测试。

这一次考试的目的就是摸底。我个人认为，本次考试并不能完全代表学生的真实能力，只能说明学生在暑假里学没学习。举个简单的例子，九年级四班的张同学，期末考试的数学成绩是115分，这孩子属于那种非常聪明，却又很容易骄傲自满的孩子。一个假期，他一个字都没有学，导致这次考试的数学成绩仅有72分。别的学科我不敢保证，但他的数学能力，我敢肯定，绝对不止72分的水平。还有九年级二班的郧同学，竟然考出了数学48分的成绩，这孩子学了一个假期的吉他，所以我清楚，她假期基本也没学习。

考试已经过去，我希望教师们不要太纠结于成绩，用成绩来给孩子定位，说某个孩子"不行"。我觉得无论成绩好坏，我们都不要否定孩子，而是用我们最大的努力去让他们"行"。

当然，我并不是说这次考试一点参考价值都没有。通过这次考试，也看出了去年一年，我们校区的确是松散落后了。这其中的原因，教师们都非常清楚，我不详说。但其中最重要的一条，是整整一年我们几乎印不出一张试卷！教学成绩整体下滑，也是事实。

这一级学生，是我从六年级一直带上来的，可以说，从最初的200多名学生到现在仅剩的162名，我几乎能说出每一名学生的特点。从六年级到七年级，成绩排名前十名的学生流失九名，这虽由多种原因所致，但我也深感痛心与无奈！

但我相信，优秀的学生就像雨后春笋，在春雨的浇灌下还会大量涌现。流失了一批尖子生，我们还可以再造一批尖子生！

我相信，新的一年，在学校领导的支持下，在各位的共同努力下，我们的成绩一定会有一个新的飞跃！我相信大家，也相信孩子们能够带给我们惊喜。

他们都说九年级的教师是"大教师"，我个人认为，与其用一个"大"字来形容这群毕业班的教师，还不如用一个"棒"字。唯有最棒的教师，才能教毕业班，这是大家的共识。既然如此，我们应该怎样做，才能对得起领导对我们的信任，对得起这个"棒"字呢？

我说几点建议。

首先，作为一个团体，我们最需要的是团结协作的精神。我们校区的四个班是一个整体，岚山区实验中学的所有毕业班也是一个整体，哪个班考好，都是我们的骄傲，哪个班抓不好，都是我们的责任。抓好班级不仅是班主任的职责，更是我们每一位教师共同的责任，大家只有齐抓共管，才能做到不让每一个能上进、有潜力的孩子掉队！

同时，我们提倡竞争，但竞争是建立在和平公正基础上的。我们不能将自己困在一个小圈子里去与他人攀比，应该将目光放长远。我们追求的是将岚山区实验中学打造成全市教学成绩一流的学校，而不是仅仅在校区内互相攀比，走出去，方能海阔天空。我们提倡的竞争，还应该是一种良性的竞争，是力争上游、你好我更好的竞争，唯有这样，明年我们的中考成绩才能迈上一个崭新的台阶。

我说的第二点建议，就是精心备课，精心备好我们的孩子。事实上，我个人一直认为，对于一个优秀教师而言，备学生要比备课更重要。了解我们的学生，触摸他们的心灵，让他们喜欢你的课，比你用心去备一节课要重要得多。孩子的潜力是无穷的，激发孩子的学习兴趣，让他们喜欢你，他们自然也就会喜欢你的课。当然我并不是说只备学生就可以了，备课当然也很重要，将一堂课讲得简单易懂，是我们每一位教师追求的最高境界。要想达到这一境界，就需要我们真正地熟悉课本、吃透课本。

因材施教，永远是教育的根本！要精心研究学生，研究作业，对不同的学生采用不同的教学方式，避免作业太简单或者太难，避免重复性作业。让每一个学生都能尽展其能，是我们的目的。

将心比心，现在最累的是我们的学生。据我了解，许多学生每天早晨五点就要起床，一直到十一点才睡，掐指算算，他们的睡眠时间只有六个小时，真的很苦！虽然我一直不提倡用时间来"培"学生，但现实确实如此。让每一个学生在刻苦学习的同时，还能体会到学习的乐趣，而不只是一味地感到苦涩，这是我们奋斗的目标。

用心做教育，用爱写人生。教师们，希望我们一起努力，去爱这群孩子，为了他们的未来，我们必须细化我们的工作。让我们共同努力！

2011 年 9 月 14 日

（摘自我的日记）

而今，重新回味当年的讲话，我依旧觉得，当年的思路是多么正确！比如，我们在任何时候都不要去否定某个孩子，而是尽心尽力地帮助他们；我们要坚信，优秀的孩子在我们的培养下一定会层出不穷；我们一定要备好我们的孩子，用心去做教育，唯有爱，才是教育的根本，因为有爱，才有学校的未来！

4

事实上，在这十年，或者说在我走上讲台的这三十年里，我都是如此坚持的。

2012年下学期，学校完成东西两校区合并。我在学校除了任教初中地理之外，还继续主编学校校报。我想说一下校报的编写，在我的印象里，这是我工作这么多年以来遇到的最艰辛的工作，而今想起，那种滋味依旧让我头皮发麻。

那时的校报是一周一出，校报的编写形式类似现在公众号的制作，但难度要大得多。因为公众号的内容不过是一事一议，且大多以照片、记录为主，篇幅比较自由，校报却不同，要有一周要闻，还要有一周回顾（集合学校一周所有动态）；要有一周公示，也要有下周计划，更要有对学校热点的点评。那三年，为了编写校报，我几乎没有一晚不熬夜。那种书到用时方恨少的感觉，真的很苦。那个时候，负责检查校报的是刘昌斌校长，他是一个对工作精益求精的人，更是一个为了工作而拼命的领导。他对自己要求严格，对跟随他工作的教师也是。一份校报，他能让我修改十遍，不允许出现一点错误，哪怕是一个标点符号，每次都修改得让我近乎发狂。

学校凡有大事，必须见诸报端。我本不是科班出身，却硬是逼着自己成为科班。为了学校，我们激情满腔，我们爱我们的学校，就好像我们爱我们的国家，爱我们的家人一样。如果可以喊"实中伟大"，我想我们都会高声呐喊。初建时期的实验中学朝气蓬勃，那里面有我，还有许多像我一样有着教育梦想的教师。

再难再累，也从不放弃，负重亦前行。

十年岁月，我们付出了。

5

2013—2014 年，对我而言，是最困难的两年。在我的日记里，这两年几乎是空白的，因为我无法回忆。

这两年，姐的病加重，化疗放疗几乎不断。而母亲受姐的影响，身体也极度不好。当时女儿又正读高中，因为考虑到学校工作太多，我没有陪读，却因父母及姐的缘故，不得不在医院与学校之间穿梭。

那两年，是我人生中最为黑暗的日子，而那段经历，也让我重新审视人生。

那两年，因为太多的无奈与无助，我近乎抑郁，但即便如此，我也从来没有因为自己的缘故而让学生落下过一节课。我记得那一年，我依旧带着两个年级的课，教学成绩也还不错。

只不过身心真的很累。在最累的时候，原本坚强的自己，内心也变得脆弱。

而今想来，我已经忘记当时的伤悲了，但还记得当时帮助过我的人。人在困难的时候，最感动的就是那些旁人给予自己的温暖。

在这里，或许我不应该记录这些不愉快的记忆，但那些因为岁月磨砺而淡去的伤悲，如今留给我的更多的是思考。

世上没有圣人，人生的道路也并非都是坦途。我们应该宽容，也应该披荆斩棘。

作为教师，我们应该走下讲台，走进学生中间，去了解每一个孩子；而作为学校领导，更应该走出办公室，走进教师中间，去了解教师的疾苦。调动每一位教师的积极性，让他们各负其责、各尽所能，这才是一个学校蓬勃发展的前提。

2015 年，我去碑廓镇支教。

2016—2018 年，我大部分时间都在级部工作，任班主任，带毕业班地理。那几年，我的工作经常跨越两个年级，我也超工作量地忙碌着，每天除了班级，就是学生，还有同事。与教师们在一起，我看到了他们的辛苦与努力。在这之前，他们当中的好多教师我都不认识，对于他们的了解，仅靠传言，等到真正熟识，方知传言不可信。

比如王秀芳老师，我曾与她搭档，她教我们班英语。她气管不好，常咳嗽得喘不过气来，常常上午做雾化，下午再努力地站在讲台上。我自己也有严重的过敏性哮喘，每年冬季，我都会上一阵哑课，只因喘得无法说话，所以我深知病痛之苦。

再比如胡艳老师、赵宏老师、牟娜老师、常成玲老师、苏前艳老师、张园园老师、刘玉臣老师……这些默默无闻的老教师，他们都是那样努力地在自己的岗位上拼搏，却因为身体状况或者其他诸多因素的影响，很少能够被评为"优秀"。但正因有他们的努力，实验中学才能默默地前行，不断地进步。

实验中学能获得今天的成绩，我们的教师，才是最该被赞美的英雄！而这也是我顶着压力，回忆我不开心经历的初衷。

没有调查，就没有发言权。作为领导，切忌偏听偏信，作为教师，要有足够的耐心和爱心。

唯有如此，才能让实验中学有家的感觉。谁都有老的时候，谁也都有困难的时候。遇到困难时，请伸出你的手，拉一把实验中学——这个有爱的集体。

6

因为有爱，所以才值得回忆。

实验中学就像我们的孩子，我们陪伴它成长了十年，看着它一点点完善壮大，作为其中的一名老教师，我在自豪的同时，更多的是欣慰和祝福。

因为这里有我的汗水和努力！记得在实验中学成立之初，我们的目标是"全区示范、全市一流、全省知名"。经过十年的拼搏，我们已经取得了全区当之无愧的龙头地位，但离全市领先，还有一段距离。

一个学校，永远都应该以教学为主，卓越的教学质量永远是一个学校的灵魂与支柱。前十年我们所做的一切，最终目的就是提升教学质量，未来十年，让我们继续努力，抛弃一切顾虑，俯下身子，去调查，去反思，我相信，全市领先的目标，定能实现。

7

实中十年，我自豪。曾经，我为它竭尽所能，执着负重，努力前行!

2021 年，我五十岁。

五十岁的我，依旧在努力。

我努力做着研学岚山的课程开发工作，希望通过开展研学旅行实践活动，给学校的孩子和老师打开一扇窗户，为家乡的教育，添一份色彩……

后 记

  《倾听花开的声音》的主要内容到这里已经基本结束了，出版一本属于自己的教育专著，是我的梦想，历经两年，这梦想终于实现了。感谢所有陪伴我一路走来的朋友、同事和学生，还有我的父亲母亲。

  事实上，在我的成长历程中，对我影响最大的是我的父亲。父亲曾是一名乡村教师，我是他最不满意的孩子。编写此书，我也有一点私心，就是想把它作为礼物，送给我近九十岁的老父亲，向他证明，他曾经不出色的孩子，一直都在努力成长为他期望的样子。

1

  严格来说，父亲不是一个地道的农民，他曾当过八年的教师、三十年的会计。

  父亲十七岁"后师"（所谓的后师，是我们这里对某个时期师范生的称呼）毕业后，被分配到我们家附近的一个小村里当教师。他刚上班的时候，正是20世纪50年代初，当时父亲的学生中有一半都比他大。给一群比自己大的学生当教师，很难，他的课堂经常会被调皮的学生打断。为此，父亲还在他的课堂上嗷嗷大哭过——这是我从父亲的一位学生口中听到的。

  那年，父亲的学生来看望父亲，两个人在屋里聊天，说起当年他们将父亲的腿绑到讲桌上，让父亲不小心带着讲桌摔倒的事。学生跟父亲道歉，说那时候父亲跌倒了也没有责骂他们，让他们很是愧疚。这让坐在旁边听他们说话的我哈哈大笑，父亲很是气恼，将我赶出了屋。如果没有那次无意的偷听，我永远不可能知道一向严厉的父亲，竟然也有如此的糗事。

2

在我的记忆里，父亲是一个标准的师德模范。我们兄妹四人，只有我继承了父亲的衣钵，所以我就成了父亲延续他职业理想的寄托。1994 年，大学毕业的我本来完全有希望留在城市，是父亲将我拉回了家乡，然后把我送进了一个非常偏远的乡村中学。为此，我跟父亲闹过，父亲却用棍棒教育了我，他说越是在农村，越能感受到教育的价值，并且亲自骑着自行车，用"押送"的方式将我送到单位报到。在最初的那些日子里，为了防止我不好好上班教学，那年已经五十六岁的父亲，每星期都要来回一百三十多里，陪我一同骑车走过那段岁月。而今想来，我还清晰地记得当年无法逃离父亲辖制时的怨恨。

每次回家，父亲都会让我汇报学校里的事，对我偶尔露出的厌倦与愤慨严加批评。在我的记忆里，父亲从来就没有替我的牢骚和愤慨找过理由。他说："当教师，就应该一门心思地教学生，为学生好。至于那些荣誉，只要你干好了，自然会有，没有的话，就是你干得不够好。"父亲就是这样绝对，不给我一丝反对的余地，以至于年轻时候的自己，在很长一段时间里都与父亲敌对，虽然表面上我依旧跟父亲讲述我的工作，但我的内心却向父亲关闭。

可愚钝的父亲，对此根本没有察觉，依旧不厌其烦地向我讲述他当教师时的经历和心得，向我炫耀他的学生，甚至还跟我讲他是如何帮助某个不服管的孩子走上正路的。父亲用他老掉牙的理论跟我说教，絮絮叨叨没完没了！我明白父亲的期望，他希望我成为一名优秀的教师，受人爱戴，桃李天下。虽然我自踏入教育这个行业，就一直在努力，但我依然惭愧，因为我无法做到像父亲理想中的那样完美！

3

三年困难时期，为响应国家号召、减轻国家负担，当教师的父亲卸甲回家当了会计。虽然当了三十多年的会计，但父亲始终以他曾经当过几年教师而自豪。

在我们兄妹的记忆里，印象最深的却是父亲当会计时的故事。那时候家里很穷，穷到因为有一次我不小心把家里的一盒火柴点燃了，导致母亲借了数天的火柴，而我内疚后悔到现在想起此事依旧灵魂战栗；穷到记忆里我的姐姐和小哥过年时从来没有穿过新衣；穷到我能清晰地记得，我用指尖蘸取母亲收进柜子里的鸡汤，用麦秆偷食母亲用来走亲戚的罐头；穷到我与我的哥哥姐姐满田野寻找草根咀嚼；穷到小哥在外得了别人给他的一个肉丸，他含在嘴里跑回家吐出来与我分享……

但在我的脑海里，却从来没有上不起学、买不起书包和纸笔的记忆！

因为这些经历，我自 1994 年任职以来，一直经常帮扶那些家境相对贫困的孩子，特别是 2006 年以来，我更是投入了大量的精力来从事教育扶贫工作。我曾走遍岚山头的大街小巷，曾跟随日照义工走访岚山区八个乡镇的数十个村落，曾带领女儿多次参与大型募捐演出，也曾亲自筹划组织过多次募捐活动……

近二十年的教育扶贫路，让我深刻地认识到，我们的孩子，还有我们的家长，缺乏的就是诸如我们父辈的那种勤俭努力拼搏向上的精神！

记忆里小时候最常看到的画面，就是灰暗的灯光下，一张四方小桌旁，一侧是在学习的哥哥姐姐，另一侧就是父亲与他的账簿。父亲戴着他的老花镜，一笔一笔地算着，父亲的账，从来没有错过一分一厘！父亲的算盘打得特别熟练，熟练到比我们用计算器要快得多。但记忆里，父亲陪我们学习的时候从来不打算盘，因为他怕影响我们。父亲做事很认真，更很执拗，记得有一年，就因为账目上有了不到一块钱的出入，父亲熬了无数个夜晚只为找出差头。

这就是我的父亲！

自 2018 年至今，我一直跟随山东省教研室甄鸿启主任从事地理研学课程的开发，我们的团队，从最初的数百人，到现在全省仅不到二十人，这里面年龄最大的就是我了。与一群年轻教师相比，我无论是能力还是精力都比不上，但是我比他们更执着。正因为执着，我一直坚持到现在，一直努力做着研学岚山的课程开发工作，希望通过研学旅行实践活动，给岚山的孩子和教师打开一扇窗户，为岚山的教育，添一份色彩。

只要认定目标，就一定竭尽所能！我的这份执着，也是遗传了父亲吧。

4

记忆中的父亲很少言笑，对我们的要求也极为严格。我们兄妹四人，小哥和姐姐自小就懂事听话，大哥贪玩，我最愚笨。记得有一次，上高中的大哥作业未做完，仗着父亲教不了他，就跟父亲说他什么都会了，于是父亲与大哥约定，如果他全会，就允许他玩，不会的话，就接受惩罚。父亲翻出大哥的书，从书中抄了数道例题让大哥做，父亲照着例题答案给大哥批改，结果大哥出了数处错误。之后很长一段时间，大哥被父亲关进他的办公室，学习学习再学习……

我想，如果父亲一直当教师，一定能够成为名师。迄今为止，我还经常将父亲检查大哥作业的方法，传授给我的学生家长们。

我告诉他们，你们或许不懂那些题目，但是你们可以陪伴孩子，可以照着答案来检查孩子的学习状态。只要用心，就有方法让孩子努力前行！

5

2016年春，我亲爱的姐因病去世。在那段最艰难的岁月里，读书看报，成了父亲最好的疗伤药。为了阅读，父亲戴上了他那副高度的老花镜，翻出了很多年前我们上小学时使用的一本破旧的新华字典，遇到不会的字就去查阅。他一个字一个字地阅读，读得很慢，却一直持续，这其中有党章语录，也有孩子们的课本。

从清晨到傍晚，父亲不停地读，然后讲给母亲听，在不断的阅读与沉醉中，坚强着。

每个周末或者假日回家的我们，也成了父亲的听众。父亲反复地将他所读的故事讲给我们听，一个故事，往往能说上数十遍，早上说了，傍晚又再次提起，每一次提起，都郑重其事。

作为一名纯粹的老共产党员，父亲执着于崇俭养廉。他一次次地告诫当教师的我，一定要爱护学生，不得收受学生的任何礼物。他讲得一本正经，仿佛我就是那个犯了错误的人。说到激动处，父亲的嘴唇哆嗦着，面部松弛的肌肉夸张地抖动着，皱起又放开，浑浊的眼睛也变得犀利。这让我无语，每次都不得不凑上去轻轻地拍打他的脸，安抚他激动起来的情绪。

我的父亲！

谨以此书，送给我的父亲，一个最纯粹的，一个近乎痴呆了，却依然不忘初心的党员教师！

2023 年 2 月